Sapori asiatici

ricette autentiche e storie di cucina dalla Cina, Giappone, Corea e Thailandia

Mei Lin

sommario

carpa in agrodolce *10*
carpa con tofu *12*
Involtini di pesce alle mandorle *14*
Merluzzo con germogli di bambù *16*
Pesce con germogli di soia *18*
Filetti di pesce in salsa marrone *20*
Torte Di Pesce Cinesi *21*
pesce fritto croccante *22*
merluzzo fritto *23*
cinque pesci speziati *24*
bastoncini di pesce profumati *25*
Pesce con cetriolini *26*
merluzzo allo zenzero *27*
Merluzzo con salsa al mandarino *29*
pesce con ananas *31*
Involtini di pesce con carne di maiale *33*
Pesce al vino di riso *35*
Pesce fritto *36*
pesce con semi di sesamo *37*
polpette di pesce al vapore *38*
Pesce marinato in agrodolce *39*
Pesce con salsa all'aceto *40*
anguilla fritta *42*
anguilla cotta a secco *43*
Anguilla con sedano *45*
Peperoni ripieni di eglefino *46*
Eglefino in salsa di fagioli neri *47*
Pesce in salsa marrone *48*
cinque pesci speziati *49*
Eglefino con aglio *50*
pesce piccante *51*
Eglefino allo zenzero con Pak Soi *53*

trecce di eglefino 55
involtini di pesce al vapore 56
Halibut con salsa di pomodoro 58
rana pescatrice con broccoli 59
Triglia di scoglio con salsa di soia densa 61
Pesce del lago occidentale 62
passera fritta 63
Platessa al vapore con funghi cinesi 64
Passera di mare con aglio 65
Platessa con salsa di ananas 66
salmone con tofu 68
Pesce Fritto Marinato 69
Trota con Carote 70
Trota fritta 71
Trota con salsa al limone 72
tonno cinese 74
Filetti di pesce marinati 76
Gamberi alle Mandorle 77
Gamberi all'anice 78
Gamberi con asparagi 79
Gamberi con pancetta 80
polpette di gamberi 81
gamberi alla griglia 83
Gamberi con germogli di bambù 84
Gamberi con germogli di soia 85
Gamberi con salsa di fagioli neri 86
Gamberi con sedano 88
Gamberi saltati con pollo 89
Gamberi con peperoncino 90
Braciola di gamberi Suey 91
Chow Mein di gamberi 92
Gamberoni con zucchine e litchi 93
Gamberi con Granchio 95
Gamberi con Cetriolo 97
Gamberi al curry 98
Curry di gamberi e funghi 99

Gamberi fritti *100*
Gamberoni fritti in pastella *101*
Empanadas di gamberi con salsa di pomodoro *102*
Portauova e gamberi *104*
Involtini Di Uovo Di Gamberi *105*
Gamberi in Estremo Oriente *107*
Foo Yung Prawn *109*
Patatine Fritte Di Gamberi *110*
Gamberoni fritti in salsa *112*
Gamberi bolliti con prosciutto e tofu *114*
Pollo con germogli di bambù *115*
prosciutto cotto a vapore *116*
pancetta con cavolo *117*
Pollo alle mandorle *118*
Pollo con Mandorle e Castagne d'Acqua *120*
Pollo con Mandorle e Verdure *121*
pollo all'anice *123*
Pollo alle albicocche *124*
Pollo con asparagi *125*
Pollo con melanzane *126*
Pollo arrotolato con pancetta *127*
Pollo con germogli di soia *128*
Pollo con salsa di fagioli neri *129*
Pollo con broccoli *130*
Pollo con cavolo e arachidi *131*
Pollo con anacardi *132*
Pollo con le castagne *134*
Pollo piccante *135*
Pollo saltato con peperoncino *137*
pollo alla cinese *139*
pollo chow mein *141*
Pollo speziato croccante *143*
Pollo fritto con cetriolo *145*
Pollo al curry al peperoncino *147*
pollo al curry cinese *148*
pollo al curry veloce *149*

Pollo al curry con patate 150
zampe di pollo fritte 151
Pollo fritto con salsa al curry 152
pollo ubriaco 153
Pollo salato con uova 155
involtini di uova di pollo 157
Pollo Brasato Con Uova 159
pollo dell'estremo oriente 161
Pollo Foo Yung 162
Prosciutto e pollo Foo Yung 163
Pollo fritto allo zenzero 164
pollo allo zenzero 165
Pollo allo zenzero con funghi e castagne 166
pollo dorato 167
Stufato Di Pollo Dorato Marinato 168
Monete d'oro 169
Pollo al vapore con prosciutto 171
Pollo con salsa Hoisin 172
pollo al miele 174
Pollo Kung Pao 175
Pollo con porri 176
Pollo al limone 177
Frittura Di Pollo Al Limone 179
Fegatini di pollo con germogli di bambù 181
fegatini di pollo fritti 182
Fegatini di pollo con taccole 183
Fegatini di pollo con frittelle di noodle 184
Fegatini di pollo con salsa di ostriche 185
Fegatini di pollo con ananas 186
Fegatini di pollo in agrodolce 187
Pollo con litchi 188
Pollo con salsa al litchi 189
Pollo con taccole 191
Pollo al mango 192
Melone Ripieno Di Pollo 194
Pollo saltato e funghi 195

Pollo con Funghi e Arachidi 196
Pollo saltato con funghi 198
Pollo al vapore con funghi 200
Pollo con Cipolla 201
Pollo all'arancia e limone 202
Pollo con salsa di ostriche 203
pacchetti di pollo 204
pollo con arachidi 205
Pollo Al Burro Di Arachidi 206
Pollo con piselli 208
Pollo alla pechinese 209
Pollo ai peperoni 210
Pollo saltato con peperoni 212
Pollo e ananas 214
Pollo con ananas e litchi 215
pollo con maiale 216

carpa in agrodolce

per 4 persone

1 grande carpa o pesce simile
300 g / 11 oz / ¬œ tazza di farina di mais (amido di mais)
250 ml / 8 fl oz / 1 tazza di olio vegetale
30 ml / 2 cucchiai di salsa di soia
5 ml / 1 cucchiaino di sale
150 g / 5 once / ¬Ω tazza colma di zucchero
75 ml / 5 cucchiai di aceto di vino
15 ml / 1 cucchiaio di vino di riso o sherry secco
3 cipollotti (scalogno), tritati finemente
1 fetta di radice di zenzero, tritata finemente
250 ml / 8 fl oz / 1 tazza di acqua bollente

Pulite e squamate il pesce e mettetelo a bagno per diverse ore in acqua fredda. Scolare e asciugare, quindi segnare più volte ogni lato. Mettere da parte 30 ml/2 cucchiai di farina di mais e poi mescolare gradualmente abbastanza acqua con la farina di mais rimanente per ottenere un impasto compatto. Coprire il pesce con la pastella. Riscaldare l'olio fino a quando è molto caldo e friggere il pesce fino a renderlo croccante all'esterno, quindi abbassare il fuoco e continuare a friggere fino a quando il pesce è tenero. Nel frattempo mescolare il resto della farina di mais, la salsa di soia, il sale, lo zucchero, l'aceto di vino,

vino o sherry, erba cipollina e zenzero. Quando il pesce sarà cotto, trasferitelo in un piatto da portata caldo. Aggiungere la miscela di salsa e l'acqua all'olio e portare a ebollizione, mescolando bene fino a quando la salsa si addensa. Versare sul pesce e servire subito.

carpa con tofu

per 4 persone

1 tenda

60 ml / 4 cucchiai di olio di arachidi

8 once / 225 g di tofu, a cubetti

2 scalogni (scalogno), tritati finemente

1 spicchio d'aglio tritato finemente

2 fette di radice di zenzero, tritate finemente

15 ml / 1 cucchiaio di salsa di peperoncino

30 ml / 2 cucchiai di salsa di soia

500 ml / 16 fl oz / 2 tazze di brodo

30 ml / 2 cucchiai di vino di riso o sherry secco

15 ml / 1 cucchiaio di farina di mais (amido di mais)

30 ml / 2 cucchiai d'acqua

Tagliare, squamare e pulire il pesce e segnare 3 linee diagonali su ogni lato. Scaldare l'olio e friggere il tofu dolcemente fino a doratura. Togliere dalla padella e scolare bene. Aggiungi il pesce nella padella e friggi fino a doratura, quindi rimuovilo dalla padella. Versare tutto tranne 15 ml/1 cucchiaio di olio, quindi soffriggere lo scalogno, l'aglio e lo zenzero per 30 secondi. Aggiungere la salsa chili, la salsa di soia, il brodo e il vino e portare a ebollizione. Aggiungere con cura il pesce nella padella con

il tofu e cuocere a fuoco lento, scoperto, per circa 10 minuti fino a quando il pesce è cotto e la salsa ridotta. Trasferisci il pesce in un piatto da portata caldo e versaci sopra il tofu. Mescolare la farina di mais e l'acqua in una pasta, unire alla salsa e cuocere a fuoco lento, mescolando, fino a quando la salsa si addensa leggermente. Versare sul pesce e servire subito.

Involtini di pesce alle mandorle

per 4 persone

100 g / 4 once / 1 tazza di mandorle

Filetti di merluzzo da 450 g / 1 libbra

4 fette di prosciutto affumicato

1 cipollotto (scalogno), tritato

1 fetta di radice di zenzero, tritata

5 ml / 1 cucchiaino di farina di mais (amido di mais)

5 ml / 1 cucchiaino di zucchero

2,5 ml / ¬Ω cucchiaino di sale

15 ml / 1 cucchiaio di salsa di soia

15 ml / 1 cucchiaio di vino di riso o sherry secco

1 uovo, leggermente sbattuto

olio per friggere

1 limone tagliato a spicchi

Sbollentate le mandorle in acqua bollente per 5 minuti, scolatele e tritatele. Tagliare il pesce in quadrati di 9 cm / 3 Ω e il prosciutto in quadrati di 5 cm / 2. Mescolare il cipollotto, lo zenzero, l'amido di mais, lo zucchero, il sale, la salsa di soia, il vino o lo sherry e l'uovo . Immergere il pesce nella miscela, quindi posizionarlo su un piano di lavoro. Coprire la parte superiore con le mandorle, quindi adagiarvi sopra una fetta di prosciutto. Arrotolate il pesce e legatelo

con la cottura, Scaldare l'olio e friggere gli involtini di pesce per qualche minuto fino a doratura. Scolare su carta da cucina e servire con il limone.

Merluzzo con germogli di bambù

per 4 persone

4 funghi cinesi secchi

900 g / 2 libbre di filetti di merluzzo, a cubetti

30 ml / 2 cucchiai di farina di mais (amido di mais)

olio per friggere

30 ml / 2 cucchiai di olio di arachidi

1 cipollotto (scalogno), affettato

1 fetta di radice di zenzero, tritata

sale

100 g di germogli di bambù, tagliati a fette

120 ml / 4 fl oz / ¬Ω tazza di brodo di pesce

15 ml / 1 cucchiaio di salsa di soia

45 ml / 3 cucchiai d'acqua

Immergere i funghi in acqua tiepida per 30 minuti, quindi scolarli. Scartare i gambi e tagliare le cime. Cospargi il pesce con metà

Farina di mais. Scaldare l'olio e friggere il pesce fino a doratura. Scolare su carta da cucina e tenere al caldo.

Nel frattempo, scaldare l'olio e soffriggere il cipollotto, lo zenzero e il sale fino a quando non saranno leggermente dorati. Aggiungere i germogli di bambù e friggere per 3 minuti. Aggiungere il brodo e la salsa di soia, portare a ebollizione e cuocere a fuoco lento per 3 minuti. Mescolare il resto della farina di mais in una pasta con l'acqua, mescolare nella padella e cuocere a fuoco lento, mescolando, fino a quando la salsa non si addensa. Versare sul pesce e servire subito.

Pesce con germogli di soia

per 4 persone

Germogli di soia 450 g / 1 libbra
45 ml / 3 cucchiai di olio di arachidi (arachidi)
5 ml / 1 cucchiaino di sale
3 fette di radice di zenzero, tritate
450 g di filetti di pesce, a fette
4 cipollotti (scalogno), affettati
15 ml / 1 cucchiaio di salsa di soia
60 ml / 4 cucchiai di brodo di pesce
10 ml / 2 cucchiaini di farina di mais (amido di mais)
15 ml / 1 cucchiaio di acqua

Sbollentare i germogli di soia in acqua bollente per 4 minuti e scolarli bene. Scaldare metà dell'olio e friggere il sale e lo zenzero per 1 minuto. Aggiungere il pesce e friggere fino a doratura, quindi togliere dalla padella. Riscaldare l'olio rimanente e friggere i cipollotti per 1 minuto. Aggiungere la salsa di soia e il brodo e portare a ebollizione. Riporta il pesce nella padella, copri e fai sobbollire per 2 minuti fino a quando il pesce è cotto. Mescolare la farina di mais e l'acqua in una pasta, mescolare nella padella e cuocere a fuoco lento, mescolando, fino a quando la salsa si assottiglia e si addensa.

Filetti di pesce in salsa marrone

per 4 persone

Filetti di merluzzo da 1 libbra / 450 g, tagliati a fette spesse
30 ml / 2 cucchiai di vino di riso o sherry secco
30 ml / 2 cucchiai di salsa di soia
3 cipollotti (scalogno), tritati finemente
1 fetta di radice di zenzero, tritata finemente
5 ml / 1 cucchiaino di sale
5 ml / 1 cucchiaino di olio di sesamo
30 ml / 2 cucchiai di farina di mais (amido di mais)
3 uova sbattute
90 ml / 6 cucchiai di olio di arachidi
90 ml / 6 cucchiai di brodo di pesce

Metti i filetti di pesce in una ciotola. Mescolare il vino o lo sherry, la salsa di soia, i cipollotti, lo zenzero, il sale e l'olio di sesamo, versare sul pesce, coprire e marinare per 30 minuti. Togliere il pesce dalla marinata e aggiungere la farina di mais, quindi immergere nell'uovo sbattuto. Scaldare l'olio e friggere il pesce finché non sarà dorato all'esterno. Versare l'olio e aggiungere il brodo e l'eventuale marinata rimasta. Portare a ebollizione e cuocere a fuoco lento per circa 5 minuti fino a quando il pesce è cotto.

Torte Di Pesce Cinesi

per 4 persone

450 g / 1 lb merluzzo tritato (macinato)
2 scalogni (scalogno), tritati finemente
1 spicchio d'aglio schiacciato
5 ml / 1 cucchiaino di sale
5 ml / 1 cucchiaino di zucchero
5 ml / 1 cucchiaino di salsa di soia
45 ml / 3 cucchiai di olio vegetale
15 ml / 1 cucchiaio di farina di mais (amido di mais)

Mescolare il merluzzo, i cipollotti, l'aglio, il sale, lo zucchero, la salsa di soia e 10 ml/2 cucchiaini di olio. Impastate bene, spolverando di tanto in tanto con un po' di farina di mais fino ad ottenere un composto liscio ed elastico. Formare 4 tortini di pesce. Scaldate l'olio e friggete i tortini di pesce per circa 10 minuti fino a doratura, appiattendoli durante la cottura. Servire caldo o freddo.

pesce fritto croccante

per 4 persone

1 libbra / 450 g di filetti di pesce, tagliati a listarelle
30 ml / 2 cucchiai di vino di riso o sherry secco
sale e pepe macinato fresco
45 ml / 3 cucchiai di farina di mais (amido di mais)
1 albume d'uovo, leggermente sbattuto
olio per friggere

Mescolare il pesce con il vino o lo sherry e condire con sale e pepe. Spolverare leggermente con farina di mais. Sbattere a neve ferma la restante farina di mais con l'albume, quindi immergere il pesce nella pastella. Scaldate l'olio e friggete le striscioline di pesce per qualche minuto fino a doratura.

merluzzo fritto

per 4 persone

900 g / 2 libbre di filetti di merluzzo, a cubetti

sale e pepe macinato fresco

2 uova sbattute

100 g / 4 once / 1 tazza di farina semplice (per tutti gli usi)

olio per friggere

1 limone tagliato a spicchi

Condire il merluzzo con sale e pepe. Sbattere le uova e la farina fino a formare un impasto e aggiustare di sale. Immergere il pesce nella pastella. Scaldate l'olio e friggete il pesce per qualche minuto finché non sarà dorato e ben cotto. Scolare su carta da cucina e servire con spicchi di limone.

cinque pesci speziati

per 4 persone

4 filetti di merluzzo

5 ml / 1 cucchiaino di cinque spezie in polvere

5 ml / 1 cucchiaino di sale

30 ml / 2 cucchiai di olio di arachidi

2 spicchi d'aglio schiacciati

2,5 ml/1 nella radice di zenzero, tritata

30 ml / 2 cucchiai di vino di riso o sherry secco

15 ml / 1 cucchiaio di salsa di soia

qualche goccia di olio di sesamo

Strofina il pesce con la polvere di cinque spezie e il sale. Scaldare l'olio e friggere il pesce fino a quando non sarà leggermente dorato su entrambi i lati. Togliere dalla padella e aggiungere gli altri ingredienti. Riscaldare, mescolando, quindi riportare il pesce nella padella e riscaldare delicatamente prima di servire.

bastoncini di pesce profumati

per 4 persone

30 ml / 2 cucchiai di vino di riso o sherry secco

1 cipollotto (scalogno), tritato finemente

2 uova sbattute

10 ml / 2 cucchiaini di curry in polvere

5 ml / 1 cucchiaino di sale

450 g / 1 libbra di filetti di pesce bianco, tagliati a listarelle

Pangrattato da 100 g / 4 once

olio per friggere

Mescolare il vino o lo sherry, il cipollotto, le uova, il curry e il sale. Immergi il pesce nel composto in modo che i pezzi siano uniformemente ricoperti, quindi premili nel pangrattato. Scaldare l'olio e friggere il pesce per qualche minuto fino a renderlo croccante e dorato. Scolare bene e servire subito.

Pesce con cetriolini

per 4 persone

4 filetti di pesce bianco
Cetriolini piccoli da 75 g / 3 once
2 cipollotti (scalogno)
2 fette di radice di zenzero
30 ml / 2 cucchiai d'acqua
5 ml / 1 cucchiaino di olio di arachidi
2,5 ml / ¬Ω cucchiaino di sale
2,5 ml / ¬Ω cucchiaino di vino di riso o sherry secco

Disporre il pesce su una piastra refrattaria e cospargere con il resto degli ingredienti. Mettere su una griglia in una vaporiera, coprire e cuocere a vapore per circa 15 minuti in acqua bollente fino a quando il pesce è tenero. Trasferire su un piatto da portata caldo, scartare lo zenzero e lo scalogno e servire.

merluzzo allo zenzero

per 4 persone

225g / 8oz passata di pomodoro (pasta)

30 ml / 2 cucchiai di vino di riso o sherry secco

15 ml / 1 cucchiaio di radice di zenzero grattugiata

15 ml / 1 cucchiaio di salsa di peperoncino

15 ml / 1 cucchiaio di acqua

15 ml / 1 cucchiaio di salsa di soia

10 ml / 2 cucchiaini di zucchero

3 spicchi d'aglio, schiacciati

100 g / 4 once / 1 tazza di farina semplice (per tutti gli usi)

75 ml / 5 cucchiai di farina di mais (amido di mais)

175 ml / 6 fl oz / ¬œ tazza d'acqua

1 albume d'uovo

2,5 ml / ¬Ω cucchiaino di sale

olio per friggere

Filetti di merluzzo da 1 libbra / 450 g, senza pelle e a cubetti

Per preparare la salsa, mescolare passata di pomodoro, vino o sherry, zenzero, salsa chili, acqua, salsa di soia, zucchero e aglio. Portare a ebollizione e cuocere a fuoco lento, mescolando, per 4 minuti.

Sbattere farina, amido di mais, acqua, albume e sale fino a che liscio. Riscaldare l'olio. Immergere i pezzi di pesce nella pastella e friggerli per circa 5 minuti fino a quando saranno cotti e dorati. Scolare su salviette di carta. Scolare tutto l'olio e rimettere il pesce e la salsa nella padella. Riscaldare delicatamente per circa 3 minuti fino a quando il pesce è completamente ricoperto di salsa.

Merluzzo con salsa al mandarino

per 4 persone

675 g / 1¬Ω lb filetti di merluzzo, tagliati a listarelle

30 ml / 2 cucchiai di farina di mais (amido di mais)

60 ml / 4 cucchiai di olio di arachidi

1 cipollotto (scalogno), tritato

2 spicchi d'aglio schiacciati

1 fetta di radice di zenzero, tritata

100 g di funghi, affettati

50 g di germogli di bambù, tagliati a listarelle

120 ml di salsa di soia

30 ml / 2 cucchiai di vino di riso o sherry secco

15 ml / 1 cucchiaio di zucchero di canna

5 ml / 1 cucchiaino di sale

250 ml / 8 fl oz / 1 tazza di brodo di pollo

Immergere il pesce nella farina di mais fino a ricoprirlo leggermente. Scaldare l'olio e friggere il pesce fino a doratura su entrambi i lati. Tiralo fuori dalla padella. Aggiungere il cipollotto, l'aglio e lo zenzero e friggere fino a quando non saranno leggermente dorati. Aggiungere i funghi e i germogli di bambù e friggere per 2 minuti. Aggiungere gli altri ingredienti e portare a

far bollire, mescolando. Riporta il pesce nella padella, copri e fai sobbollire per 20 minuti.

pesce con ananas

per 4 persone

450 g / 1 libbra di filetti di pesce

2 scalogno (scalogno), tritato

30 ml / 2 cucchiai di salsa di soia

15 ml / 1 cucchiaio di vino di riso o sherry secco

2,5 ml / ¬Ω cucchiaino di sale

2 uova, leggermente sbattute

15 ml / 1 cucchiaio di farina di mais (amido di mais)

45 ml / 3 cucchiai di olio di arachidi (arachidi)

8 once / 225 g di pezzi di ananas in scatola nel succo

Tagliare il pesce a listarelle di 1/2,5 cm contropelo e metterlo in una ciotola. Aggiungere i cipollotti, la salsa di soia, il vino o lo sherry e il sale, mescolare bene e lasciare riposare per 30 minuti. Scolare il pesce, scartando la marinata. Sbattere le uova e la farina di mais fino a che liscio e immergere il pesce nella pastella per ricoprire, drenando l'eccesso. Scaldare l'olio e friggere il pesce fino a quando non sarà leggermente dorato su entrambi i lati. Ridurre il fuoco e continuare la cottura finché sono teneri. Nel frattempo, mescolare 60 ml / 4 cucchiai di succo d'ananas con la restante pastella e pezzi di ananas. Mettere in una padella a fuoco basso e cuocere a fuoco basso fino a quando non sarà riscaldato, mescolando continuamente. Disporre il

pesce cotto su un piatto di portata caldo e versare sopra la salsa per servire.

Involtini di pesce con carne di maiale

per 4 persone

450 g / 1 libbra di filetti di pesce

100 g / 4 once di maiale cotto, tritato (macinato)

30 ml / 2 cucchiai di vino di riso o sherry secco

15 ml / 1 cucchiaio di zucchero

olio per friggere

120 ml / 4 fl oz / ½ tazza di brodo di pesce

3 scalogni (scalogno), tritati

1 fetta di radice di zenzero, tritata

15 ml / 1 cucchiaio di salsa di soia

15 ml / 1 cucchiaio di farina di mais (amido di mais)

45 ml / 3 cucchiai d'acqua

Tagliare il pesce in quadrati di 9 cm / 3 ½. Mescolare la carne di maiale con il vino o lo sherry e metà dello zucchero, distribuire sui quadrati di pesce, arrotolarli e fissarli con lo spago. Scaldare l'olio e friggere il pesce fino a doratura. Scolare su salviette di carta. Nel frattempo scaldare il brodo e aggiungere lo scalogno, lo zenzero, la salsa di soia e lo zucchero rimanente. Portare a ebollizione e cuocere a fuoco lento per 4 minuti. Mescolare la farina di mais e l'acqua in una pasta, mescolare nella padella e portare a ebollizione.

mescolando, fino a quando la salsa si assottiglia e si addensa. Versare sul pesce e servire subito.

Pesce al vino di riso

per 4 persone

400 ml / 14 fl oz / 1¬œ tazze di vino di riso o sherry secco

120 ml / 4 fl oz / ¬Ω tazza d'acqua

30 ml / 2 cucchiai di salsa di soia

5 ml / 1 cucchiaino di zucchero

sale e pepe macinato fresco

10 ml / 2 cucchiaini di farina di mais (amido di mais)

15 ml / 1 cucchiaio di acqua

Filetti di merluzzo da 450 g / 1 libbra

5 ml / 1 cucchiaino di olio di sesamo

2 scalogno (scalogno), tritato

Portare a ebollizione il vino, l'acqua, la salsa di soia, lo zucchero, il sale e il pepe e cuocere a fuoco lento fino a ridurli della metà. Mescolare la farina di mais con l'acqua fino ad ottenere una pasta, mescolarla nella padella e cuocere a fuoco basso, mescolando, per 2 minuti. Condire il pesce con sale e cospargere con olio di sesamo. Aggiungere alla padella e cuocere a fuoco lento per circa 8 minuti fino a cottura. Servire cosparso di erba cipollina.

Pesce fritto

per 4 persone

Filetti di merluzzo da 1 libbra / 450 g, tagliati a listarelle

sale

salsa di soia

olio per friggere

Cospargere il pesce con sale e salsa di soia e lasciarlo riposare per 10 minuti. Scaldate l'olio e friggete il pesce per qualche minuto finché non sarà leggermente dorato. Scolare su carta da cucina e cospargere generosamente con salsa di soia prima di servire.

pesce con semi di sesamo

per 4 persone

1 libbra / 450 g di filetti di pesce, tagliati a listarelle
1 cipolla tritata
2 fette di radice di zenzero, tritate
120 ml di vino di riso o sherry secco
10 ml / 2 cucchiaini di zucchero di canna
2,5 ml / ½ cucchiaino di sale
1 uovo, leggermente sbattuto
15 ml / 1 cucchiaio di farina di mais (amido di mais)
45 ml / 3 cucchiai di farina (per tutti gli usi)
60 ml / 6 cucchiai di semi di sesamo
olio per friggere

Metti il pesce in una ciotola. Mescolare la cipolla, lo zenzero, il vino o lo sherry, lo zucchero e il sale, aggiungere al pesce e lasciare marinare per 30 minuti, girando di tanto in tanto. Sbattere l'uovo, l'amido di mais e la farina per formare un impasto. Immergi il pesce nella pastella e poi premi i semi di sesamo. Scaldare l'olio e friggere le strisce di pesce per circa 1 minuto fino a doratura e croccante.

polpette di pesce al vapore

per 4 persone

450 g / 1 lb merluzzo tritato (macinato)
1 uovo, leggermente sbattuto
1 fetta di radice di zenzero, tritata
2,5 ml / ½ cucchiaino di sale
pizzico di pepe macinato fresco
15 ml / 1 cucchiaio di farina di mais (amido di mais) 15 ml / 1 cucchiaio di vino di riso o sherry secco

Amalgamate bene tutti gli ingredienti e formate delle palline della grandezza di una noce. Spolverizzate con un po' di farina se necessario. Disporre in un piatto refrattario poco profondo.

Metti il piatto su una griglia in un piroscafo, copri e cuoci a vapore sull'acqua bollente per circa 10 minuti fino a cottura.

Pesce marinato in agrodolce

per 4 persone

1 libbra / 450 g di filetti di pesce, tagliati a pezzi
1 cipolla tritata
3 fette di radice di zenzero, tritate
5 ml / 1 cucchiaino di salsa di soia
sale e pepe macinato fresco
30 ml / 2 cucchiai di farina di mais (amido di mais)
olio per friggere
Salsa agrodolce

Metti il pesce in una ciotola. Mescolare la cipolla, lo zenzero, la salsa di soia, il sale e il pepe, aggiungere al pesce, coprire e lasciare riposare 1 ora, girando di tanto in tanto. Togliere il pesce dalla marinata e cospargere con farina di mais. Scaldare l'olio e friggere il pesce finché non diventa croccante e dorato. Scolare su carta da cucina e disporre su un piatto da portata ben caldo. Nel frattempo preparate la salsa e versatela sul pesce per servire.

Pesce con salsa all'aceto

per 4 persone

1 libbra / 450 g di filetti di pesce, tagliati a listarelle
sale e pepe macinato fresco
1 albume d'uovo, leggermente sbattuto
45 ml / 3 cucchiai di farina di mais (amido di mais)
15 ml / 1 cucchiaio di vino di riso o sherry secco
olio per friggere
250 ml / 8 fl oz / 1 tazza di brodo di pesce
15 ml / 1 cucchiaio di zucchero di canna
15 ml / 1 cucchiaio di aceto di vino
2 fette di radice di zenzero, tritate
2 scalogno (scalogno), tritato

Condire il pesce con un po' di sale e pepe. Sbattere l'albume con 30 ml/2 cucchiai di amido di mais e il vino o lo sherry. Getta il pesce nella pastella fino a ricoprirlo. Scaldare l'olio e friggere il pesce per qualche minuto fino a doratura. Scolare su salviette di carta.

Nel frattempo portare a ebollizione il brodo, lo zucchero e l'aceto di vino. Aggiungere lo zenzero e il cipollotto e cuocere a fuoco lento per 3 minuti. Frullare il resto della farina di mais fino ad ottenere una pasta con un po' d'acqua, mescolare

in padella e cuocere a fuoco lento, mescolando, fino a quando la salsa si assottiglia e si addensa. Versare sopra il pesce per servire.

anguilla fritta

per 4 persone

450 g / 1 libbra di anguilla
250 ml / 8 fl oz / 1 tazza di olio di arachidi (arachidi)
30 ml / 2 cucchiai di salsa di soia scura
30 ml / 2 cucchiai di vino di riso o sherry secco
15 ml / 1 cucchiaio di zucchero di canna
pizzico di olio di sesamo

Sbucciare l'anguilla e tagliarla a pezzi. Scaldare l'olio e friggere l'anguilla fino a doratura. Togliere dalla padella e scolare. Versare tutto tranne 30 ml / 2 cucchiai di olio. Riscalda l'olio e aggiungi la salsa di soia, il vino o lo sherry e lo zucchero. Scaldare, quindi aggiungere l'anguilla e saltare fino a quando l'anguilla è ben coperta e la maggior parte del liquido è evaporata. Cospargere con olio di sesamo e servire.

anguilla cotta a secco

per 4 persone

5 funghi cinesi secchi

3 erba cipollina (scalogno)

30 ml / 2 cucchiai di olio di arachidi

20 spicchi d'aglio

6 fette di radice di zenzero

10 castagne d'acqua

900 g / 2 libbre di anguille

30 ml / 2 cucchiai di salsa di soia

15 ml / 1 cucchiaio di zucchero di canna

15 ml / 1 cucchiaio di vino di riso o sherry secco

450 ml / ¬œpt / 2 tazze d'acqua

15 ml / 1 cucchiaio di farina di mais (amido di mais)

45 ml / 3 cucchiai d'acqua

5 ml / 1 cucchiaino di olio di sesamo

Immergere i funghi in acqua tiepida per 30 minuti, quindi scolarli e scartare i gambi. Tagliate a tocchetti 1 cipollotto e tritate l'altro. Scaldare l'olio e friggere i funghi, i cipollotti a pezzetti, l'aglio, lo zenzero e le castagne per 30 secondi. Aggiungere le anguille e friggere per 1 minuto. Aggiungi salsa di soia, zucchero, vino o sherry e acqua, portare a ebollizione, coprire e cuocere a fuoco lento per 1 Ω ore, aggiungendo un po' d'acqua durante la cottura se necessario. Mescolare la farina di mais e l'acqua in una pasta, mescolare nella padella e cuocere a fuoco lento, mescolando, fino a quando la salsa non si addensa. Servire cosparso di olio di sesamo ed erba cipollina tritata.

Anguilla con sedano

per 4 persone

Anguilla da 350 g / 12 once
6 gambi di sedano
30 ml / 2 cucchiai di olio di arachidi
2 scalogno (scalogno), tritato
1 fetta di radice di zenzero, tritata
30 ml / 2 cucchiai d'acqua
5 ml / 1 cucchiaino di zucchero
5 ml / 1 cucchiaino di vino di riso o sherry secco
5 ml / 1 cucchiaino di salsa di soia
pepe appena macinato
30 ml / 2 cucchiai di prezzemolo fresco tritato

Spellare e tagliare l'anguilla a striscioline. Tagliare il sedano a listarelle. Scaldare l'olio e friggere i cipollotti e lo zenzero per 30 secondi. Aggiungere l'anguilla e friggere per 30 secondi. Aggiungere il sedano e soffriggere per 30 secondi. Aggiungi metà dell'acqua, zucchero, vino o sherry, salsa di soia e pepe. Portare a ebollizione e cuocere a fuoco lento per qualche minuto fino a quando il sedano è tenero ma ancora croccante e il liquido si è ridotto. Servire cosparso di prezzemolo.

Peperoni ripieni di eglefino

per 4 persone

8 once / 225 g di filetti di eglefino, tritati (macinati)

100 g di gamberi sgusciati, tritati (macinati)

1 cipollotto (scalogno), tritato

2,5 ml / ¬Ω cucchiaino di sale

pepe

4 peperoni verdi

45 ml / 3 cucchiai di olio di arachidi (arachidi)

120 ml di brodo di pollo

10 ml / 2 cucchiaini di farina di mais (amido di mais)

5 ml / 1 cucchiaino di salsa di soia

Mescolare l'eglefino, i gamberi, il cipollotto, il sale e il pepe. Tagliare il gambo dei peperoni e togliere il centro. Farcire i peperoni con il composto di frutti di mare. Scaldate l'olio e aggiungete i peperoni e il brodo. Portare a ebollizione, coprire e cuocere a fuoco basso per 15 minuti. Trasferisci i peperoni in un piatto da portata caldo. Mescolare la farina di mais, la salsa di soia e un po' d'acqua e mescolare nella padella. Portare a ebollizione e cuocere a fuoco lento, mescolando, fino a quando la salsa si assottiglia e si addensa.

Eglefino in salsa di fagioli neri

per 4 persone

15 ml / 1 cucchiaio di olio di arachidi
2 spicchi d'aglio schiacciati
1 fetta di radice di zenzero, tritata
15 ml / 1 cucchiaio di salsa di fagioli neri
2 cipolle, tagliate a spicchi
1 gambo di sedano, affettato
Filetti di eglefino da 450 g / 1 libbra
15 ml / 1 cucchiaio di salsa di soia
15 ml / 1 cucchiaio di vino di riso o sherry secco
250 ml / 8 fl oz / 1 tazza di brodo di pollo

Scaldare l'olio e soffriggere l'aglio, lo zenzero e la salsa di fagioli neri fino a quando non saranno leggermente dorati. Aggiungere le cipolle e il sedano e soffriggere per 2 minuti. Aggiungere l'eglefino e friggere per circa 4 minuti su ciascun lato o fino a quando il pesce è cotto. Aggiungere la salsa di soia, il vino o lo sherry e il brodo di pollo, portare a ebollizione, coprire e cuocere a fuoco lento per 3 minuti.

Pesce in salsa marrone

per 4 persone

4 eglefino o pesce simile

45 ml / 3 cucchiai di olio di arachidi (arachidi)

2 scalogno (scalogno), tritato

2 fette di radice di zenzero, tritate

5 ml / 1 cucchiaino di salsa di soia

2,5 ml / ¬Ω cucchiaino di aceto di vino

2,5 ml / ¬Ω cucchiaino di vino di riso o sherry secco

2,5 ml / ¬Ω cucchiaino di zucchero

pepe appena macinato

2,5 ml / ¬Ω cucchiaino di olio di sesamo

Mondate il pesce e tagliatelo a pezzi grossi. Scaldare l'olio e friggere i cipollotti e lo zenzero per 30 secondi. Aggiungere il pesce e friggere fino a doratura su entrambi i lati. Aggiungere la salsa di soia, l'aceto di vino, il vino o lo sherry, lo zucchero e il pepe e cuocere a fuoco lento per 5 minuti fino a quando la salsa è densa. Servire cosparso di olio di sesamo.

cinque pesci speziati

per 4 persone

Filetti di eglefino da 450 g / 1 libbra
5 ml / 1 cucchiaino di cinque spezie in polvere
5 ml / 1 cucchiaino di sale
30 ml / 2 cucchiai di olio di arachidi
2 spicchi d'aglio schiacciati
2 fette di radice di zenzero, tritate
30 ml / 2 cucchiai di vino di riso o sherry secco
15 ml / 1 cucchiaio di salsa di soia
10 ml / 2 cucchiaini di olio di sesamo

Strofinare i filetti di eglefino con la polvere alle cinque spezie e il sale. Scaldate l'olio e friggete il pesce fino a quando non sarà leggermente dorato su entrambi i lati, quindi toglietelo dalla padella. Aggiungere l'aglio, lo zenzero, il vino o lo sherry, la salsa di soia e l'olio di sesamo e friggere per 1 minuto. Riportare il pesce nella padella e cuocere a fuoco basso fino a quando il pesce è tenero.

Eglefino con aglio

per 4 persone

Filetti di eglefino da 450 g / 1 libbra

5 ml / 1 cucchiaino di sale

30 ml / 2 cucchiai di farina di mais (amido di mais)

60 ml / 4 cucchiai di olio di arachidi

6 spicchi d'aglio

2 fette di radice di zenzero, schiacciate

45 ml / 3 cucchiai d'acqua

30 ml / 2 cucchiai di salsa di soia

15 ml / 1 cucchiaio di salsa di fagioli gialli

15 ml / 1 cucchiaio di vino di riso o sherry secco

15 ml / 1 cucchiaio di zucchero di canna

Cospargere l'eglefino con sale e spolverare con farina di mais. Scaldare l'olio e friggere il pesce fino a doratura su entrambi i lati, quindi rimuoverlo dalla padella. Aggiungere l'aglio e lo zenzero e friggere per 1 minuto. Aggiungere il resto degli ingredienti, portare a ebollizione, coprire e cuocere a fuoco lento per 5 minuti. Riporta il pesce nella padella, copri e fai sobbollire fino a quando diventa tenero.

pesce piccante

per 4 persone

Filetti di eglefino da 1 libbra / 450 g, a dadini
succo di 1 limone
30 ml / 2 cucchiai di salsa di soia
30 ml / 2 cucchiai di salsa di ostriche
15 ml / 1 cucchiaio di scorza di limone grattugiata
pizzico di zenzero macinato
sale e pepe
2 albumi d'uovo
45 ml / 3 cucchiai di farina di mais (amido di mais)
6 funghi cinesi secchi
olio per friggere
5 cipollotti (scalogno), tagliati a listarelle
1 gambo di sedano, tagliato a listarelle
100 g di germogli di bambù, tagliati a listarelle
250 ml / 8 fl oz / 1 tazza di brodo di pollo
5 ml / 1 cucchiaino di cinque spezie in polvere

Mettere il pesce in una ciotola e cospargere con il succo di limone. Mescolare salsa di soia, salsa di ostriche, scorza di limone, zenzero, sale, pepe, albume d'uovo e tutto tranne 5 ml/1 cucchiaino di farina di mais. Licenza

marinare per 2 ore, mescolando di tanto in tanto. Immergere i funghi in acqua tiepida per 30 minuti, quindi scolarli. Scartare i gambi e tagliare le cime. Scaldare l'olio e friggere il pesce per qualche minuto fino a doratura. Togliere dalla padella. Aggiungere le verdure e friggere finché sono teneri ma ancora croccanti. Versare l'olio. Mescolare il brodo di pollo con la restante farina di mais, unirlo alle verdure e portare a ebollizione. Riportare il pesce nella padella, condire con cinque spezie in polvere e scaldare prima di servire.

Eglefino allo zenzero con Pak Soi

per 4 persone

Filetto di eglefino da 450 g / 1 libbra

sale e pepe

Confezione da 225 g / 8 once

30 ml / 2 cucchiai di olio di arachidi

1 fetta di radice di zenzero, tritata

1 cipolla tritata

2 peperoncini rossi secchi

5 ml / 1 cucchiaino di miele

10 ml / 2 cucchiaini di salsa di pomodoro (ketchup)

10 ml / 2 cucchiaini di aceto di malto

30 ml / 2 cucchiai di vino bianco secco

10 ml / 2 cucchiaini di salsa di soia

10 ml / 2 cucchiaini di salsa di pesce

10 ml / 2 cucchiaini di salsa di ostriche

5 ml / 1 cucchiaino di pasta di gamberi

Sbucciare l'eglefino e tagliarlo a pezzi di 2 cm. Cospargere con sale e pepe. Tagliare il cavolo a pezzetti. Scaldare l'olio e friggere lo zenzero e la cipolla per 1 minuto. Aggiungere il cavolo e i peperoncini e friggere per 30 secondi. Aggiungi miele, pomodoro salsa di pomodoro, aceto e vino. Aggiungere l'eglefino e cuocere a fuoco lento per 2 minuti. Aggiungere le salse di soia, pesce e ostriche e la pasta di gamberi e cuocere a fuoco lento fino a quando l'eglefino è cotto.

trecce di eglefino

per 4 persone

Filetti di eglefino da 450 g / 1 libbra, senza pelle

sale

5 ml / 1 cucchiaino di cinque spezie in polvere

succo di 2 limoni

5 ml / 1 cucchiaino di semi di anice, macinati

5 ml / 1 cucchiaino di pepe appena macinato

30 ml / 2 cucchiai di salsa di soia

30 ml / 2 cucchiai di salsa di ostriche

15 ml / 1 cucchiaio di miele

60 ml / 4 cucchiai di erba cipollina tritata

8.10 foglie di spinaci

45 ml / 3 cucchiai di aceto di vino

Tagliare il pesce a strisce lunghe e sottili e formare delle trecce, cospargere di sale, cinque spezie in polvere e succo di limone e trasferire in una ciotola. Mescolare l'anice, il pepe, la salsa di soia, la salsa di ostriche, il miele e l'erba cipollina, versare sul pesce e lasciare marinare per almeno 30 minuti. Rivestire il cestello per la cottura a vapore con le foglie di spinaci, adagiarvi sopra le trecce, coprire e cuocere a vapore in acqua bollente con l'aceto per circa 25 minuti.

involtini di pesce al vapore

per 4 persone

450 g di filetti di eglefino, senza pelle e tagliati a cubetti

succo di 1 limone

30 ml / 2 cucchiai di salsa di soia

30 ml / 2 cucchiai di salsa di ostriche

30 ml / 2 cucchiai di salsa di prugne

5 ml / 1 cucchiaino di vino di riso o sherry secco

sale e pepe

6 funghi cinesi secchi

Germogli di fagioli 100 g / 4 once

100 g / 4 once di piselli

50 g di noci tritate

1 uovo sbattuto

30 ml / 2 cucchiai di farina di mais (amido di mais)

Cavolo cinese da 225 g / 8 once, sbollentato

Metti il pesce in una ciotola. Mescolare succo di limone, salsa di soia, ostriche e prugne, vino o sherry, sale e pepe. Versare sul pesce e lasciare marinare per 30 minuti. Aggiungere le verdure, le noci, l'uovo e l'amido di mais e mescolare bene. Metti 3 fogli di porcellana uno sopra l'altro, versa un po' del composto di pesce

e arrotolare. Continuare fino a quando tutti gli ingredienti saranno esauriti. Mettere i panini in un cestello per la cottura a vapore, coprire e cuocere a fuoco lento per 30 minuti.

Halibut con salsa di pomodoro

per 4 persone

Filetti di halibut da 450 g / 1 libbra

sale

15 ml / 1 cucchiaio di salsa di fagioli neri

1 spicchio d'aglio schiacciato

2 scalogno (scalogno), tritato

2 fette di radice di zenzero, tritate

15 ml / 1 cucchiaio di vino di riso o sherry secco

15 ml / 1 cucchiaio di salsa di soia

200 g di pomodori in scatola, scolati

30 ml / 2 cucchiai di olio di arachidi

Cospargere generosamente l'ippoglosso di sale e lasciarlo riposare per 1 ora. Risciacquare il sale e asciugare. Mettere il pesce in una pirofila e cospargere con salsa di fagioli neri, aglio, scalogno, zenzero, vino o sherry, salsa di soia e pomodori. Metti la ciotola su una griglia in una vaporiera, copri e cuoci a vapore per 20 minuti su acqua bollente fino a quando il pesce è cotto. Scaldare l'olio fino a quasi fumare e cospargere il pesce prima di servire.

rana pescatrice con broccoli

per 4 persone

450 g di coda di rana pescatrice, a cubetti

sale e pepe

45 ml / 3 cucchiai di olio di arachidi (arachidi)

50 g di funghi, affettati

1 carota piccola, tagliata a listarelle

1 spicchio d'aglio schiacciato

2 fette di radice di zenzero, tritate

45 ml / 3 cucchiai d'acqua

275 g / 10 once di cimette di broccoli

5 ml / 1 cucchiaino di zucchero

5 ml / 1 cucchiaino di farina di mais (amido di mais)

45 ml / 3 cucchiai d'acqua

Condire bene la rana pescatrice con sale e pepe. Scaldare 30 ml / 2 cucchiai di olio e friggere la rana pescatrice, i funghi, la carota, l'aglio e lo zenzero fino a quando saranno leggermente dorati. Aggiungere l'acqua e continuare a cuocere a fuoco lento, scoperto, a fuoco basso. Nel frattempo, sbollentare i broccoli in acqua bollente fino a quando saranno teneri, quindi scolarli bene. Scaldare l'olio rimanente e friggere i broccoli e lo zucchero con un pizzico di sale finché i broccoli non saranno ben ricoperti d'olio. Disporre intorno a un riscaldato

piatto da portata. Mescolare la farina di mais e l'acqua in una pasta, unire al pesce e cuocere a fuoco lento, mescolando, fino a quando la salsa non si addensa. Versare sopra i broccoli e servire tutto in una volta.

Triglia di scoglio con salsa di soia densa

per 4 persone

1 triglia

olio per friggere

30 ml / 2 cucchiai di olio di arachidi

2 scalogno (scalogno), affettato

2 fette di radice di zenzero, grattugiata

1 peperoncino rosso, grattugiato

250 ml / 8 fl oz / 1 tazza di brodo di pesce

15 ml / 1 cucchiaio di salsa di soia densa

15 ml / 1 cucchiaio di bianco appena macinato

pepe

15 ml / 1 cucchiaio di vino di riso o sherry secco

Ritaglia il pesce e segnalo in diagonale su ciascun lato. Scaldare l'olio e friggere il pesce fino a metà cottura. Togliere dall'olio e scolare bene. Scaldare l'olio e friggere i cipollotti, lo zenzero e il peperoncino per 1 minuto. Aggiungere gli altri ingredienti, mescolare bene e portare a ebollizione. Aggiungere il pesce e cuocere a fuoco lento, scoperto, fino a quando il pesce è cotto e il liquido è quasi evaporato.

Pesce del lago occidentale

per 4 persone

1 triglia
30 ml / 2 cucchiai di olio di arachidi
4 cipollotti (scalogno), grattugiati
1 peperoncino rosso tritato
4 fette di radice di zenzero, grattugiata
45 ml / 3 cucchiai di zucchero di canna
30 ml / 2 cucchiai di aceto di vino rosso
30 ml / 2 cucchiai d'acqua
30 ml / 2 cucchiai di salsa di soia
pepe appena macinato

Pulite e mondate il pesce e praticate 2-3 tagli diagonali su ogni lato. Scaldare l'olio e friggere metà dei cipollotti, il peperoncino e lo zenzero per 30 secondi. Aggiungere il pesce e friggere fino a doratura su entrambi i lati. Aggiungere lo zucchero, l'aceto di vino, l'acqua, la salsa di soia e il pepe, portare a ebollizione, coprire e cuocere a fuoco lento per circa 20 minuti fino a quando il pesce è cotto e la salsa si è ridotta. Servire guarnendo con l'erba cipollina rimasta.

passera fritta

per 4 persone

4 filetti di platessa
sale e pepe macinato fresco
30 ml / 2 cucchiai di olio di arachidi
1 fetta di radice di zenzero, tritata
1 spicchio d'aglio schiacciato
Foglie di lattuga

Condire generosamente la platessa con sale e pepe. Scaldare l'olio e friggere lo zenzero e l'aglio per 20 secondi. Aggiungere il pesce e friggere fino a quando ben cotto e dorato. Scolare bene e servire su un letto di lattuga.

Platessa al vapore con funghi cinesi

per 4 persone

4 funghi cinesi secchi
Filetti di platessa da 1 libbra / 450 g, a cubetti
1 spicchio d'aglio schiacciato
1 fetta di radice di zenzero, tritata
15 ml / 1 cucchiaio di salsa di soia
15 ml / 1 cucchiaio di vino di riso o sherry secco
5 ml / 1 cucchiaino di zucchero di canna
350 g / 12 once di riso a chicco lungo cotto

Immergere i funghi in acqua tiepida per 30 minuti, quindi scolarli. Scartare i gambi e tritare le cime. Mescolare con la platessa, l'aglio, lo zenzero, la salsa di soia, il vino o lo sherry e lo zucchero, coprire e lasciare marinare per 1 ora. Mettere il riso in una vaporiera e adagiarvi sopra il pesce. Cuocere a vapore per circa 30 minuti fino a quando il pesce è cotto.

Passera di mare con aglio

per 4 persone

Filetti di platessa 350g / 12oz

sale

45 ml / 3 cucchiai di farina di mais (amido di mais)

1 uovo sbattuto

60 ml / 4 cucchiai di olio di arachidi

3 spicchi d'aglio, tritati

4 scalogno (scalogno), tritato

15 ml / 1 cucchiaio di vino di riso o sherry secco

5 ml / 1 cucchiaino di olio di sesamo

Spellare la platessa e tagliarla a listarelle. Cospargere di sale e lasciare riposare per 20 minuti. Spolverare il pesce con la farina di mais, quindi immergerlo nell'uovo. Riscaldare l'olio e friggere le strisce di pesce per circa 4 minuti fino a doratura. Togliere dalla padella e scolare su carta da cucina. Versare tutto tranne 5 ml / 1 cucchiaino di olio dalla padella e aggiungere gli altri ingredienti. Portare a ebollizione, mescolando, quindi cuocere a fuoco lento per 3 minuti. Versare sul pesce e servire subito.

Platessa con salsa di ananas

per 4 persone

Filetti di platessa da 450 g / 1 libbra

5 ml / 1 cucchiaino di sale

30 ml / 2 cucchiai di salsa di soia

Pezzi di ananas in scatola da 200 g / 7 once

2 uova sbattute

100 g / 4 once / ¬Ω tazza di farina di mais (amido di mais)

olio per friggere

30 ml / 2 cucchiai d'acqua

5 ml / 1 cucchiaino di olio di sesamo

Tagliate la platessa a listarelle e mettetela in una ciotola. Cospargere di sale, salsa di soia e 30 ml/2 cucchiai di succo d'ananas e lasciare riposare 10 minuti. Sbattere le uova con 45 ml / 3 cucchiai di farina di mais fino a formare un impasto e immergere il pesce nell'impasto. Scaldare l'olio e friggere il pesce fino a doratura. Scolare sopra il pepe della cucina. Metti il succo d'ananas rimanente in una piccola casseruola. Mescolare 30 ml/2 cucchiai di farina di mais con l'acqua e mescolare nella padella. Portare a ebollizione e cuocere a fuoco lento, mescolando, fino a quando non si addensa. Aggiungere metà dei pezzi di ananas e scaldare. Poco prima di servire, aggiungere l'olio di sesamo. Mettere il pesce cotto su una porzione calda.

impiattare e decorare con l'ananas messo da parte. Versare sopra la salsa calda e servire tutto in una volta.

salmone con tofu

per 4 persone

120 ml / 4 fl oz / ¬Ω tazza di olio di arachidi

450 g / 1 libbra di tofu, a cubetti

2,5 ml / ¬Ω cucchiaino di olio di sesamo

100 g di filetto di salmone, tritato

goccio di salsa di peperoncino

250 ml / 8 fl oz / 1 tazza di brodo di pesce

15 ml / 1 cucchiaio di farina di mais (amido di mais)

45 ml / 3 cucchiai d'acqua

2 scalogno (scalogno), tritato

Scaldate l'olio e friggete il tofu finché non sarà leggermente dorato. Togliere dalla padella. Riscaldare l'olio e l'olio di sesamo e friggere la salsa di salmone e peperoncino per 1 minuto. Aggiungere il brodo, portare a ebollizione, quindi rimettere il tofu nella padella. Cuocere a fuoco lento, scoperto, fino a quando gli ingredienti sono cotti e il liquido si è ridotto. Mescolare la farina di mais e l'acqua per formare una pasta. Aggiungere poco alla volta e cuocere a fuoco basso, mescolando, fino a quando il composto si addensa. Potresti non aver bisogno di tutta la pasta di farina di mais se hai lasciato ridurre il liquido. Trasferire su un piatto da portata caldo e cospargere con l'erba cipollina.

Pesce Fritto Marinato

per 4 persone

450 g di spratti o altri pesciolini, puliti
3 fette di radice di zenzero, tritate
120 ml di salsa di soia
15 ml / 1 cucchiaio di vino di riso o sherry secco
1 spicchio di anice stellato
olio per friggere
15 ml / 1 cucchiaio di olio di sesamo

Metti il pesce in una ciotola. Mescolare lo zenzero, la salsa di soia, il vino o lo sherry e l'anice, versare sul pesce e lasciar riposare per 1 ora, girando di tanto in tanto. Scolare il pesce, scartando la marinata. Riscaldare l'olio e friggere il pesce in lotti fino a renderlo croccante e dorato. Scolateli su carta da cucina e serviteli cosparsi di olio di sesamo.

Trota con Carote

per 4 persone

15 ml / 1 cucchiaio di olio di arachidi
1 spicchio d'aglio schiacciato
1 fetta di radice di zenzero, tritata
4 trote
2 carote, tagliate a listarelle
25 g / 1 oz di germogli di bambù, tagliati a strisce
25 g di castagne d'acqua, tagliate a listarelle
15 ml / 1 cucchiaio di salsa di soia
15 ml / 1 cucchiaio di vino di riso o sherry secco

Scaldare l'olio e soffriggere l'aglio e lo zenzero fino a quando non saranno leggermente dorati. Aggiungere il pesce, coprire e friggere fino a quando il pesce diventa opaco. Aggiungere le carote, i germogli di bambù, le castagne, la salsa di soia e il vino o lo sherry, mescolare accuratamente, coprire e cuocere a fuoco lento per circa 5 minuti.

Trota fritta

per 4 persone

4 trote, pulite e squamate

2 uova sbattute

50 g / 2 oz / ½ tazza di farina semplice (per tutti gli usi)

olio per friggere

1 limone tagliato a spicchi

Tagliare il pesce in diagonale più volte su ciascun lato. Immergi le uova sbattute e poi aggiungi la farina per ricoprire completamente. Scuoti ogni eccesso. Scaldare l'olio e friggere il pesce per circa 10-15 minuti fino a cottura. Scolare su carta da cucina e servire con il limone.

Trota con salsa al limone

per 4 persone

450 ml / ¬œ pt / 2 tazze di brodo di pollo

Scorza di limone di 5 cm in pezzi quadrati

150 ml / ¬° pt / ¬Ω generosa tazza di succo di limone

90 ml / 6 cucchiai di zucchero di canna

2 fette di radice di zenzero, tagliate a listarelle

30 ml / 2 cucchiai di farina di mais (amido di mais)

4 trote

375 g / 12 oz / 3 tazze di farina semplice (per tutti gli usi)

175 ml / 6 fl oz / ¬œ tazza d'acqua

olio per friggere

2 albumi d'uovo

8 cipollotti (scalogno), affettati sottilmente

Per fare la salsa, mescolare il brodo, la scorza e il succo di limone, lo zucchero e per 5 minuti. Togliere dal fuoco, filtrare e tornare nella padella. Mescolate la farina di mais con un po' d'acqua e poi mescolatela nella padella. Cuocere a fuoco basso per 5 minuti, mescolando spesso. Togliere dal fuoco e tenere in caldo la salsa.

Ricoprire leggermente il pesce su entrambi i lati con un po' di farina. Sbattere la farina rimanente con l'acqua e 10 ml/2 cucchiaini di olio fino a che liscio. Montare gli albumi a neve ferma ma non asciutta e incorporarli all'impasto. Riscaldare l'olio rimanente. Immergere il pesce nella pastella fino a coprirlo completamente. Cuocere il pesce per circa 10 minuti, girandolo una volta, finché non sarà cotto e dorato. Scolare su salviette di carta. Metti il pesce su un piatto da portata riscaldato. Mescolare l'erba cipollina nella salsa calda, versare sul pesce e servire immediatamente.

tonno cinese

per 4 persone

30 ml / 2 cucchiai di olio di arachidi

1 cipolla tritata

200 g di tonno in scatola, sgocciolato e a scaglie

2 gambi di sedano tritati

100 g di funghi tritati

1 peperone verde tritato

250 ml / 8 fl oz / 1 tazza di brodo

30 ml / 2 cucchiai di salsa di soia

Tagliatelle all'uovo sottili da 100 g / 4 once

sale

15 ml / 1 cucchiaio di farina di mais (amido di mais)

45 ml / 3 cucchiai d'acqua

Scaldate l'olio e soffriggete la cipolla finché non si sarà ammorbidita. Aggiungere il tonno e mescolare fino a quando non sarà ben ricoperto di olio. Aggiungere il sedano, i funghi e il pepe e soffriggere per 2 minuti. Aggiungere il brodo e la salsa di soia, portare a ebollizione, coprire e cuocere a fuoco lento per 15 minuti. Nel frattempo, cuocere le tagliatelle in acqua bollente salata per circa 5 minuti fino a quando saranno tenere, quindi scolarle bene e metterle su un piatto da portata caldo.

foglia. Mescolare la farina di mais e l'acqua, aggiungere il composto alla salsa di tonno e cuocere a fuoco lento, mescolando, fino a quando la salsa si assottiglia e si addensa.

Filetti di pesce marinati

per 4 persone

4 filetti di merlano o eglefino
2 spicchi d'aglio schiacciati
2 fette di radice di zenzero, schiacciate
3 scalogni (scalogno), tritati
15 ml / 1 cucchiaio di vino di riso o sherry secco
15 ml / 1 cucchiaio di aceto di vino
sale e pepe macinato fresco
45 ml / 3 cucchiai di olio di arachidi (arachidi)

Metti il pesce in una ciotola. Mescolare aglio, zenzero, cipollotti, vino o sherry, aceto di vino, sale e pepe, versare sul pesce, coprire e lasciare marinare per diverse ore. Rimuovere il pesce dalla marinata. Scaldare l'olio e friggere il pesce fino a doratura su entrambi i lati, quindi togliere dalla padella. Aggiungere la marinata nella padella, portare a ebollizione, quindi rimettere il pesce nella padella e cuocere a fuoco lento fino a cottura ultimata.

Gamberi alle Mandorle

per 4 persone

100 g / 4 once di mandorle

225 g di gamberi grandi non pelati

2 fette di radice di zenzero, tritate

15 ml / 1 cucchiaio di farina di mais (amido di mais)

2,5 ml / ½ cucchiaino di sale

30 ml / 2 cucchiai di olio di arachidi

2 spicchi d'aglio

2 gambi di sedano tritati

5 ml / 1 cucchiaino di salsa di soia

5 ml / 1 cucchiaino di vino di riso o sherry secco

30 ml / 2 cucchiai d'acqua

Tostare le mandorle in una padella asciutta fino a quando non saranno leggermente dorate, quindi metterle da parte. Sgusciare i gamberi, lasciare le code e tagliarli a metà nel senso della lunghezza fino alla coda. Mescolare con zenzero, amido di mais e sale. Scaldare l'olio e friggere l'aglio fino a quando non diventa leggermente dorato, quindi eliminare l'aglio. Aggiungere il sedano, la salsa di soia, il vino o lo sherry e l'acqua nella padella e portare a ebollizione. Aggiungere i gamberi e friggere fino a quando non sono molto caldi. Servire cospargendo di mandorle tostate.

Gamberi all'anice

per 4 persone

45 ml / 3 cucchiai di olio di arachidi (arachidi)
15 ml / 1 cucchiaio di salsa di soia
5 ml / 1 cucchiaino di zucchero
120 ml / 4 fl oz / ¬Ω tazza di brodo di pesce
pizzico di anice macinato
450 g / 1 chilo di gamberi sgusciati

Scaldate l'olio, aggiungete la salsa di soia, lo zucchero, il brodo e l'anice e portate a ebollizione. Aggiungere i gamberi e cuocere a fuoco lento per alcuni minuti fino a quando non saranno ben riscaldati e insaporiti.

Gamberi con asparagi

per 4 persone

450 g di asparagi, tagliati a pezzi

45 ml / 3 cucchiai di olio di arachidi (arachidi)

2 fette di radice di zenzero, tritate

15 ml / 1 cucchiaio di salsa di soia

15 ml / 1 cucchiaio di vino di riso o sherry secco

5 ml / 1 cucchiaino di zucchero

2,5 ml / ¬Ω cucchiaino di sale

225 g di gamberi sgusciati

Sbollentare gli asparagi in acqua bollente per 2 minuti e scolarli bene. Scaldare l'olio e friggere lo zenzero per pochi secondi. Aggiungere gli asparagi e mescolare fino a quando saranno ben ricoperti di olio. Aggiungere la salsa di soia, il vino o lo sherry, lo zucchero e il sale e scaldare. Aggiungere i gamberi e mescolare a fuoco basso fino a quando gli asparagi sono teneri.

Gamberi con pancetta

per 4 persone

450 g di gamberi grandi non sgusciati

100 g di pancetta

1 uovo, leggermente sbattuto

2,5 ml / ½ cucchiaino di sale

15 ml / 1 cucchiaio di salsa di soia

50 g / 2 once / ½ tazza di farina di mais (amido di mais)

olio per friggere

Sgusciare i gamberi lasciando intatta la coda. Tagliare a metà lungo la coda. Tagliare la pancetta a quadretti. Premere un pezzo di pancetta al centro di ogni gambero e premere insieme le due metà. Sbattere l'uovo con il sale e la salsa di soia. Passate i gamberi nell'uovo e cospargeteli di farina di mais. Scaldare l'olio e friggere i gamberi fino a renderli croccanti e dorati.

polpette di gamberi

per 4 persone

3 funghi cinesi secchi
450 g di gamberi, tritati finemente
6 castagne d'acqua, tritate finemente
1 cipollotto (scalogno) tritato finemente
1 fetta di radice di zenzero tritata finemente
sale e pepe macinato fresco
2 uova sbattute
15 ml / 1 cucchiaio di farina di mais (amido di mais)
50 g / 2 oz / ¬Ω tazza di farina semplice (per tutti gli usi)
olio di arachidi per friggere

Immergere i funghi in acqua tiepida per 30 minuti, quindi scolarli. Scartare i gambi e tritare finemente le cime. Mescolare con i gamberi, le castagne d'acqua, il cipollotto e lo zenzero e condire con sale e pepe. Mescolare 1 uovo e 5 ml/1 cucchiaino di farina di mais in palline colme di dimensioni di un cucchiaino.

Sbattere l'uovo rimanente, l'amido di mais e la farina e aggiungere abbastanza acqua per ottenere una pastella densa e liscia. Fai rotolare le palline nel massa. Scaldate l'olio e friggete per qualche minuto fino a quando saranno leggermente dorate.

gamberi alla griglia

per 4 persone

450 g di gamberi grandi sgusciati

100 g di pancetta

8 once / 225 g di fegatini di pollo, a fette

1 spicchio d'aglio schiacciato

2 fette di radice di zenzero, tritate

30 ml / 2 cucchiai di zucchero

120 ml di salsa di soia

sale e pepe macinato fresco

Tagliare i gamberi nel senso della lunghezza sul dorso senza tagliarli e appiattirli un po'. Tagliare a pezzetti la pancetta e metterla in una ciotola con i gamberi e i fegatini di pollo. Mescolare il resto degli ingredienti, versare sui gamberi e lasciar riposare per 30 minuti. Infilare i gamberi, la pancetta e i fegatini sugli spiedini e grigliare o grigliare per circa 5 minuti, girando spesso, fino a cottura ultimata, ungendo di tanto in tanto con la marinata.

Gamberi con germogli di bambù

per 4 persone

60 ml / 4 cucchiai di olio di arachidi

1 spicchio d'aglio tritato

1 fetta di radice di zenzero, tritata

450 g / 1 chilo di gamberi sgusciati

30 ml / 2 cucchiai di vino di riso o sherry secco

Germogli di bambù da 225 g / 8 once

30 ml / 2 cucchiai di salsa di soia

15 ml / 1 cucchiaio di farina di mais (amido di mais)

45 ml / 3 cucchiai d'acqua

Scaldare l'olio e soffriggere l'aglio e lo zenzero fino a quando non saranno leggermente dorati. Aggiungere i gamberi e friggere per 1 minuto. Aggiungere il vino o lo sherry e mescolare bene. Aggiungere i germogli di bambù e friggere per 5 minuti. Aggiungere il resto degli ingredienti e friggere per 2 minuti.

Gamberi con germogli di soia

per 4 persone

4 funghi cinesi secchi
30 ml / 2 cucchiai di olio di arachidi
1 spicchio d'aglio schiacciato
225 g di gamberi sgusciati
15 ml / 1 cucchiaio di vino di riso o sherry secco
Germogli di soia 450 g / 1 libbra
120 ml di brodo di pollo
15 ml / 1 cucchiaio di salsa di soia
15 ml / 1 cucchiaio di farina di mais (amido di mais)
sale e pepe macinato fresco
2 scalogno (scalogno), tritato

Immergere i funghi in acqua tiepida per 30 minuti, quindi scolarli. Scartare i gambi e tagliare le cime. Scaldare l'olio e soffriggere l'aglio fino a quando non diventa leggermente dorato. Aggiungere i gamberi e friggere per 1 minuto. Aggiungere il vino o lo sherry e cuocere per 1 minuto. Aggiungere i funghi e i germogli di soia. Mescolare il brodo, la salsa di soia e la farina di mais e mescolare nella padella. Portare a ebollizione, quindi cuocere a fuoco lento, mescolando, fino a quando la salsa si assottiglia e si addensa. Aggiustare di sale e pepe. Servire cosparso di erba cipollina.

Gamberi con salsa di fagioli neri

per 4 persone

30 ml / 2 cucchiai di olio di arachidi

5 ml / 1 cucchiaino di sale

1 spicchio d'aglio schiacciato

45 ml / 3 cucchiai di salsa di fagioli neri

1 peperone verde tritato

1 cipolla tritata

120 ml / 4 fl oz / ¬Ω tazza di brodo di pesce

5 ml / 1 cucchiaino di zucchero

15 ml / 1 cucchiaio di salsa di soia

225 g di gamberi sgusciati

15 ml / 1 cucchiaio di farina di mais (amido di mais)

45 ml / 3 cucchiai d'acqua

Scaldare l'olio e soffriggere la salsa di sale, aglio e fagioli neri per 2 minuti. Aggiungere il peperone e la cipolla e soffriggere per 2 minuti. Aggiungere il brodo, lo zucchero e la salsa di soia e portare a ebollizione. Aggiungere i gamberi e cuocere a fuoco basso per 2 minuti. Mescolare la farina di mais e l'acqua in una pasta, aggiungere nella padella e cuocere a fuoco lento, mescolando, fino a quando la salsa si assottiglia e si addensa.

Gamberi con sedano

per 4 persone

45 ml / 3 cucchiai di olio di arachidi (arachidi)

3 fette di radice di zenzero, tritate

450 g / 1 chilo di gamberi sgusciati

5 ml / 1 cucchiaino di sale

15 ml / 1 cucchiaio di sherry

4 gambi di sedano tritati

100 g di mandorle tritate

Scaldare metà dell'olio e friggere lo zenzero finché non diventa leggermente dorato. Aggiungere i gamberi, il sale e lo sherry e friggere fino a coprirli bene con l'olio, quindi togliere dalla padella. Scaldare l'olio rimanente e soffriggere il sedano e le mandorle per qualche minuto fino a quando il sedano sarà tenero ma ancora croccante. Riportare i gamberi nella padella, mescolare bene e scaldare prima di servire.

Gamberi saltati con pollo

per 4 persone

30 ml / 2 cucchiai di olio di arachidi

2 spicchi d'aglio schiacciati

8 once / 225 g di pollo cotto, affettato sottilmente

100 g di germogli di bambù, tagliati a fette

100 g di funghi, affettati

75 ml / 5 cucchiai di brodo di pesce

225 g di gamberi sgusciati

8 once / 225 g di taccole

15 ml / 1 cucchiaio di farina di mais (amido di mais)

45 ml / 3 cucchiai d'acqua

Scaldare l'olio e soffriggere l'aglio fino a quando non diventa leggermente dorato. Aggiungere il pollo, i germogli di bambù e i funghi e rosolare finché non saranno ben ricoperti di olio. Aggiungere il brodo e farlo bollire. Aggiungere i gamberi e i piselli spezzati, coprire e cuocere a fuoco lento per 5 minuti. Mescolare la farina di mais e l'acqua in una pasta, mescolare nella padella e cuocere a fuoco lento, mescolando, fino a quando la salsa si assottiglia e si addensa. Servi subito.

Gamberi con peperoncino

per 4 persone

450 g / 1 chilo di gamberi sgusciati

1 albume d'uovo

10 ml / 2 cucchiaini di farina di mais (amido di mais)

5 ml / 1 cucchiaino di sale

60 ml / 4 cucchiai di olio di arachidi

1 oz / 25 g di peperoncini rossi essiccati, tagliati

1 spicchio d'aglio schiacciato

5 ml / 1 cucchiaino di pepe appena macinato

15 ml / 1 cucchiaio di salsa di soia

5 ml / 1 cucchiaino di vino di riso o sherry secco

2,5 ml / ¬Ω cucchiaino di zucchero

2,5 ml / ¬Ω cucchiaino di aceto di vino

2,5 ml / ¬Ω cucchiaino di olio di sesamo

Mettete i gamberi in una ciotola con l'albume, la maizena e il sale e lasciate marinare per 30 minuti. Scaldare l'olio e friggere i peperoncini, l'aglio e il pepe per 1 minuto. Aggiungere i gamberi e gli altri ingredienti e saltare per qualche minuto fino a quando i gamberi non si saranno riscaldati e gli ingredienti saranno ben amalgamati.

Braciola di gamberi Suey

per 4 persone

60 ml / 4 cucchiai di olio di arachidi

2 scalogno (scalogno), tritato

2 spicchi d'aglio schiacciati

1 fetta di radice di zenzero, tritata

225 g di gamberi sgusciati

100 g di piselli surgelati

100 g di funghi, tagliati a metà

30 ml / 2 cucchiai di salsa di soia

15 ml / 1 cucchiaio di vino di riso o sherry secco

5 ml / 1 cucchiaino di zucchero

5 ml / 1 cucchiaino di sale

15 ml / 1 cucchiaio di farina di mais (amido di mais)

Scaldare 45 ml / 3 cucchiai di olio e soffriggere i cipollotti, l'aglio e lo zenzero fino a quando saranno leggermente dorati. Aggiungere i gamberi e friggere per 1 minuto. Togliere dalla padella. Riscaldare l'olio rimanente e friggere i piselli e i funghi per 3 minuti. Aggiungere i gamberi, la salsa di soia, il vino o lo sherry, lo zucchero e il sale e friggere per 2 minuti. Mescolate la farina di mais con un po' d'acqua, versatela nella padella e fate cuocere a fuoco basso, mescolando, fino a quando la salsa si assottiglia e si addensa.

Chow Mein di gamberi

per 4 persone

450 g / 1 chilo di gamberi sgusciati
15 ml / 1 cucchiaio di farina di mais (amido di mais)
15 ml / 1 cucchiaio di salsa di soia
15 ml / 1 cucchiaio di vino di riso o sherry secco
4 funghi cinesi secchi
30 ml / 2 cucchiai di olio di arachidi
5 ml / 1 cucchiaino di sale
1 fetta di radice di zenzero, tritata
100 g di cavolo cinese, affettato
100 g di germogli di bambù, tagliati a fette
Tagliatelle morbide fritte

Mescolare i gamberi con l'amido di mais, la salsa di soia e il vino o lo sherry e lasciar riposare, mescolando di tanto in tanto. Immergere i funghi in acqua tiepida per 30 minuti, quindi scolarli. Scartare i gambi e tagliare le cime. Scaldare l'olio e friggere il sale e lo zenzero per 1 minuto. Aggiungere il cavolo e i germogli di bambù e mescolare fino a quando non saranno ricoperti di olio. Coprire e cuocere a fuoco lento per 2 minuti. Aggiungere i gamberi e la marinata e friggere per 3 minuti. Aggiungere le tagliatelle scolate e scaldare poco prima di servire.

Gamberoni con zucchine e litchi

per 4 persone

12 gamberi

sale e pepe

10 ml / 2 cucchiaini di salsa di soia

10 ml / 2 cucchiaini di farina di mais (amido di mais)

15 ml / 1 cucchiaio di olio di arachidi

4 spicchi d'aglio, schiacciati

2 peperoncini rossi tritati

225 g di zucchine (zucchine), a dadini

2 scalogno (scalogno), tritato

12 litchi, lapidati

120 ml / 4 fl oz / ¬Ω tazza di crema di cocco

10 ml / 2 cucchiaini di curry delicato in polvere

5 ml / 1 cucchiaino di salsa di pesce

Sgusciare i gamberi lasciandoli nella coda. Cospargere con sale, pepe e salsa di soia, quindi ricoprire con farina di mais. Scaldare l'olio e soffriggere l'aglio, i peperoncini e i gamberi per 1 minuto. Aggiungere le zucchine, i cipollotti e i litchi e friggere per 1 minuto. Togliere dalla padella. Versare la crema di cocco nella padella, portare a ebollizione e cuocere a fuoco lento per 2 minuti fino a quando non si addensa. Mescolare il curry

polvere e salsa di pesce e condire con sale e pepe. Riporta i gamberi e le verdure nella salsa per scaldarli prima di servire.

Gamberi con Granchio

per 4 persone

45 ml / 3 cucchiai di olio di arachidi (arachidi)

3 scalogni (scalogno), tritati

1 radice di zenzero affettata, tritata

225 g / 8 once di polpa di granchio

15 ml / 1 cucchiaio di vino di riso o sherry secco

30 ml / 2 cucchiai di brodo di pollo o di pesce

15 ml / 1 cucchiaio di salsa di soia

5 ml / 1 cucchiaino di zucchero di canna

5 ml / 1 cucchiaino di aceto di vino

pepe appena macinato

10 ml / 2 cucchiaini di farina di mais (amido di mais)

225 g di gamberi sgusciati

Scaldare 30 ml / 2 cucchiai di olio e friggere i cipollotti e lo zenzero fino a quando saranno leggermente dorati. Aggiungere la polpa di granchio e friggere per 2 minuti. Aggiungere il vino o lo sherry, il brodo, la salsa di soia, lo zucchero e l'aceto e condire a piacere con il pepe. Soffriggere per 3 minuti. Mescolare l'amido di mais con un po' d'acqua e mescolare con la salsa. Cuocere a fuoco basso, mescolando, fino a quando la salsa si addensa. Nel frattempo scaldate l'olio rimasto in una padella a parte e fate rosolare i gamberi per qualche minuto.

minuti fino a completo riscaldamento. Disporre il composto di granchio su un piatto da portata caldo e guarnire con i gamberi.

Gamberi con Cetriolo

per 4 persone

225 g di gamberi sgusciati

sale e pepe macinato fresco

15 ml / 1 cucchiaio di farina di mais (amido di mais)

1 cetriolo

45 ml / 3 cucchiai di olio di arachidi (arachidi)

2 spicchi d'aglio schiacciati

1 cipolla tritata finemente

15 ml / 1 cucchiaio di vino di riso o sherry secco

2 fette di radice di zenzero, tritate

Condire i gamberi con sale e pepe e mescolare con l'amido di mais. Sbucciare e privare i semi del cetriolo e tagliarlo a fette spesse. Scaldare metà dell'olio e soffriggere l'aglio e la cipolla fino a quando non saranno leggermente dorati. Aggiungere i gamberi e lo sherry e friggere per 2 minuti, quindi togliere gli ingredienti dalla padella. Riscaldare l'olio rimanente e friggere lo zenzero per 1 minuto. Aggiungere il cetriolo e friggere per 2 minuti. Riportare il composto di gamberi nella padella e saltare fino a quando non sarà ben amalgamato e riscaldato.

Gamberi al curry

per 4 persone

45 ml / 3 cucchiai di olio di arachidi (arachidi)

4 cipollotti (scalogno), affettati

30 ml / 2 cucchiai di curry in polvere

2,5 ml / ½ cucchiaino di sale

120 ml di brodo di pollo

450 g / 1 chilo di gamberi sgusciati

Scaldare l'olio e friggere i cipollotti per 30 secondi. Aggiungere il curry in polvere e il sale e friggere per 1 minuto. Aggiungere il brodo, portare a ebollizione e cuocere a fuoco lento, mescolando, per 2 minuti. Aggiungere i gamberi e scaldare dolcemente.

Curry di gamberi e funghi

per 4 persone

5 ml / 1 cucchiaino di salsa di soia

5 ml / 1 cucchiaino di vino di riso o sherry secco

225 g di gamberi sgusciati

30 ml / 2 cucchiai di olio di arachidi

2 spicchi d'aglio schiacciati

1 fetta di radice di zenzero, tritata finemente

1 cipolla, tagliata a spicchi

100 g / 4 once di funghi

100g / 4oz di piselli freschi o surgelati

15 ml / 1 cucchiaio di curry in polvere

15 ml / 1 cucchiaio di farina di mais (amido di mais)

150 ml / ¬° pt / generosa ¬Ω tazza di brodo di pollo

Mescolare la salsa di soia, il vino o lo sherry e i gamberi. Scaldate l'olio con l'aglio e lo zenzero e friggete fino a doratura. Aggiungere la cipolla, i funghi e i piselli e soffriggere per 2 minuti. Aggiungere il curry in polvere e la farina di mais e friggere per 2 minuti. Aggiungere gradualmente il brodo, portare a ebollizione, coprire e cuocere a fuoco lento per 5 minuti, mescolando di tanto in tanto. Aggiungere i gamberi e la marinata, coprire e cuocere a fuoco lento per 2 minuti.

Gamberi fritti

per 4 persone

450 g / 1 chilo di gamberi sgusciati
30 ml / 2 cucchiai di vino di riso o sherry secco
5 ml / 1 cucchiaino di sale
olio per friggere
salsa di soia

Mescolare i gamberi nel vino o nello sherry e cospargere di sale. Lasciare riposare per 15 minuti, quindi scolare e asciugare. Scaldare l'olio e friggere i gamberi per pochi secondi fino a renderli croccanti. Servire cospargendo di salsa di soia.

Gamberoni fritti in pastella

per 4 persone

50 g / 2 oz / ½ tazza di farina semplice (per tutti gli usi)

2,5 ml / ½ cucchiaino di sale

1 uovo, leggermente sbattuto

30 ml / 2 cucchiai d'acqua

450 g / 1 chilo di gamberi sgusciati

olio per friggere

Sbattere la farina, il sale, l'uovo e l'acqua fino a formare un impasto, aggiungendo un po' d'acqua se necessario. Mescolare con i gamberi fino a quando non sono ben pastellati. Scaldate l'olio e friggete i gamberi per qualche minuto finché non saranno croccanti e dorati.

Empanadas di gamberi con salsa di pomodoro

per 4 persone

900 g / 2 libbre di gamberi sgusciati

450 g / 1 lb merluzzo tritato (macinato)

4 uova sbattute

50 g / 2 once / ½ tazza di farina di mais (amido di mais)

2 spicchi d'aglio schiacciati

30 ml / 2 cucchiai di salsa di soia

15 ml / 1 cucchiaio di zucchero

15 ml / 1 cucchiaio di olio di arachidi

Per la salsa:

30 ml / 2 cucchiai di olio di arachidi

100 g di erba cipollina (scalogno), tritata

100 g di funghi tritati

100 g di prosciutto tritato

2 gambi di sedano tritati

200 g di pomodori pelati e tritati

300 ml / ½ pt / 1¼ tazze d'acqua

sale e pepe macinato fresco

15 ml / 1 cucchiaio di farina di mais (amido di mais)

Tritare finemente i gamberi e unirli al merluzzo. Aggiungere le uova, la farina di mais, l'aglio, la salsa di soia, lo zucchero e l'olio. Portare a ebollizione una grande casseruola d'acqua e versare il composto nella casseruola. Rimettete a ebollizione e fate sobbollire per qualche minuto fino a quando le polpette non vengono a galla. Scolare bene. Per preparare la salsa, scaldare l'olio e friggere l'erba cipollina fino a renderla morbida ma non dorata. Aggiungere i funghi e soffriggere per 1 minuto, quindi aggiungere il prosciutto, il sedano e i pomodori e soffriggere per 1 minuto. Aggiungere l'acqua, portare ad ebollizione e condire con sale e pepe. Coprire e cuocere a fuoco lento per 10 minuti, mescolando di tanto in tanto. Mescolare l'amido di mais con un po' d'acqua e mescolare con la salsa. Cuocete a fuoco basso per qualche minuto, mescolando, fino a quando la salsa si schiarisce e si addensa. Servire con le polpette.

Portauova e gamberi

per 4 persone

15 ml / 1 cucchiaio di olio di sesamo
8 gamberi sgusciati
1 peperoncino rosso tritato
2 scalogno (scalogno), tritato
30 ml / 2 cucchiai di abalone tritato (facoltativo)
8 uova
15 ml / 1 cucchiaio di salsa di soia
sale e pepe macinato fresco
qualche rametto di prezzemolo a foglia piatta

Usa l'olio di sesamo per ungere 8 pirofile. Metti un gambero su ogni piatto con un po 'di peperoncino, scalogno e abalone, se lo usi. Rompi un uovo in ogni ciotola e condisci con salsa di soia, sale e pepe. Posizionare gli stampini su una teglia e cuocere in forno preriscaldato a 200 C / 400 F / gas mark 6 per circa 15 minuti fino a quando le uova sono solidificate e leggermente croccanti all'esterno. Disponeteli con cura su un piatto da portata caldo e guarnite con il prezzemolo.

Involtini Di Uovo Di Gamberi

per 4 persone

Germogli di fagioli 225g / 8oz

30 ml / 2 cucchiai di olio di arachidi

4 gambi di sedano tritati

100 g di funghi tritati

225 g di gamberi sgusciati, tritati

15 ml / 1 cucchiaio di vino di riso o sherry secco

2,5 ml / ½ cucchiaino di amido di mais (amido di mais)

2,5 ml / ½ cucchiaino di sale

2,5 ml / ½ cucchiaino di zucchero

12 pelli di rotolo di uova

1 uovo sbattuto

olio per friggere

Sbollentare i germogli di soia in acqua bollente per 2 minuti, quindi scolarli. Scaldare l'olio e soffriggere il sedano per 1 minuto. Aggiungere i funghi e friggere per 1 minuto. Aggiungere i gamberi, il vino o lo sherry, l'amido di mais, il sale e lo zucchero e friggere per 2 minuti. Lasciate raffreddare.

Metti un po' di ripieno al centro di ogni pelle e dipingi i bordi con l'uovo sbattuto. Piega i bordi e poi arrotola l'involtino lontano da te, sigillando i bordi con l'uovo. Scaldare l'olio e friggere fino a doratura.

Gamberi in Estremo Oriente

per 4 persone
16.20 gamberi sgusciati
succo di 1 limone
120 ml / 4 fl oz / ¬Ω tazza di vino bianco secco
30 ml / 2 cucchiai di salsa di soia
30 ml / 2 cucchiai di miele
15 ml / 1 cucchiaio di scorza di limone grattugiata
sale e pepe
45 ml / 3 cucchiai di olio di arachidi (arachidi)
1 spicchio d'aglio tritato
6 cipollotti (scalogno), tagliati a listarelle
2 carote, tagliate a listarelle
5 ml / 1 cucchiaino di cinque spezie in polvere
5 ml / 1 cucchiaino di farina di mais (amido di mais)

Mescolare i gamberi con il succo di limone, il vino, la salsa di soia, il miele e la scorza di limone e condire con sale e pepe. Coprire e lasciare marinare per 1 ora. Scaldare l'olio e soffriggere l'aglio fino a quando non diventa leggermente dorato. Aggiungere le verdure e saltare finché sono teneri ma ancora croccanti. Scolare i gamberi, aggiungerli nella padella e friggerli per 2 minuti. Pressione

marinare e mescolare con cinque spezie in polvere e amido di mais. Aggiungere al wok, mescolare bene e portare a ebollizione.

Foo Yung Prawn

per 4 persone

6 uova sbattute

45 ml / 3 cucchiai di farina di mais (amido di mais)

225 g di gamberi sgusciati

100 g di funghi, affettati

5 ml / 1 cucchiaino di sale

2 scalogno (scalogno), tritato

45 ml / 3 cucchiai di olio di arachidi (arachidi)

Sbattete le uova e poi aggiungete la farina di mais. Aggiungere tutti gli altri ingredienti tranne l'olio. Scaldate l'olio e versate il composto nella padella poco alla volta per ottenere delle frittelle larghe circa 7,5 cm. Friggere fino a quando il fondo non diventa marrone dorato, quindi capovolgere e dorare l'altro lato.

Patatine Fritte Di Gamberi

per 4 persone

12 grossi gamberi crudi

1 uovo sbattuto

30 ml / 2 cucchiai di farina di mais (amido di mais)

pizzico di sale

pizzico di pepe

3 fette di pane

1 tuorlo d'uovo bollito (cotto), tritato

25 g / 1 oz di prosciutto cotto, tritato

1 cipollotto (scalogno), tritato

olio per friggere

Eliminate il guscio e le venature dal dorso dei gamberi, lasciando intatte le code. Incidere il dorso dei gamberi con un coltello affilato e appiattirli delicatamente. Sbattere l'uovo, la maizena, il sale e il pepe. Immergi i gamberi nel composto fino a coprirli completamente. Togliere la crosta al pane e tagliarlo in quarti. Metti un gambero, con il lato tagliato rivolto verso il basso, su ogni pezzo e premi verso il basso. Spennellare un po' di composto di uova su ogni gambero, quindi cospargere con il tuorlo d'uovo, il prosciutto e il cipollotto. Riscaldare l'olio e friggere i pezzi di cracker di gamberi in lotti fino a doratura. Scolare su carta da cucina e servire caldo.

Gamberoni fritti in salsa

per 4 persone

75 g / 3 once / colmo ¬° tazza di farina di mais (amido di mais)

¬Ω uovo sbattuto

5 ml / 1 cucchiaino di vino di riso o sherry secco

sale

450 g / 1 chilo di gamberi sgusciati

45 ml / 3 cucchiai di olio di arachidi (arachidi)

5 ml / 1 cucchiaino di olio di sesamo

1 spicchio d'aglio schiacciato

1 fetta di radice di zenzero, tritata

3 cipollotti (scalogno), affettati

15 ml / 1 cucchiaio di brodo di pesce

5 ml / 1 cucchiaino di aceto di vino

5 ml / 1 cucchiaino di zucchero

Mescolare farina di mais, uova, vino o sherry e un pizzico di sale per fare un impasto. Immergere i gamberi nella pastella in modo che risultino leggermente pastellati. Scaldare l'olio e friggere i gamberi fino a renderli croccanti all'esterno. Toglierli dalla padella e scolare l'olio. Scaldare l'olio di sesamo nella padella, aggiungere i gamberi, l'aglio, lo zenzero e erba cipollina e soffriggere per 3 minuti. Aggiungere il brodo, l'aceto di vino e lo zucchero, mescolare bene e riscaldare prima di servire.

Gamberi bolliti con prosciutto e tofu

per 4 persone

30 ml / 2 cucchiai di olio di arachidi
8 once / 225 g di tofu, a cubetti
600 ml / 1 pt / 2 Ω tazze di brodo di pollo
100 g di prosciutto affumicato, a cubetti
225 g di gamberi sgusciati

Scaldate l'olio e friggete il tofu finché non sarà leggermente dorato. Togliere dalla padella e scolare. Riscaldare il brodo, aggiungere il tofu e il prosciutto e cuocere a fuoco lento per circa 10 minuti fino a quando il tofu è cotto. Aggiungi i gamberi e fai sobbollire per altri 5 minuti fino a quando non si saranno riscaldati. Servire in ciotole profonde.

Pollo con germogli di bambù

per 4 persone

45 ml / 3 cucchiai di olio di arachidi (arachidi)

1 spicchio d'aglio schiacciato

1 cipollotto (scalogno), tritato

1 fetta di radice di zenzero, tritata

225 g di petto di pollo, a fette

225 g / 8 once di germogli di bambù, tagliati a scaglie

45 ml / 3 cucchiai di salsa di soia

15 ml / 1 cucchiaio di vino di riso o sherry secco

5 ml / 1 cucchiaino di farina di mais (amido di mais)

Scaldare l'olio e soffriggere l'aglio, il cipollotto e lo zenzero fino a quando non saranno leggermente dorati. Aggiungere il pollo e friggere per 5 minuti. Aggiungere i germogli di bambù e friggere per 2 minuti. Aggiungere la salsa di soia, il vino o lo sherry e la farina di mais e rosolare per circa 3 minuti fino a quando il pollo non sarà cotto.

prosciutto cotto a vapore

Serve da 6 a 8

900 g / 2 libbre di prosciutto fresco
30 ml / 2 cucchiai di zucchero di canna
60 ml / 4 cucchiai di vino di riso o sherry secco

Mettere il prosciutto su un piatto resistente al calore su una gratella, coprire e cuocere a vapore in acqua bollente per circa 1 ora. Aggiungere lo zucchero e il vino o lo sherry al piatto, coprire e cuocere a vapore per un'altra ora o fino a quando il prosciutto è cotto. Lasciare raffreddare nella ciotola prima di tagliare.

pancetta con cavolo

per 4 persone

4 fette di pancetta, anellate e tritate
2,5 ml / ½ cucchiaino di sale
1 fetta di radice di zenzero, tritata
½ cavolo, tritato
75 ml / 5 cucchiai di brodo di pollo
15 ml / 1 cucchiaio di salsa di ostriche

Friggere la pancetta fino a renderla croccante, quindi toglierla dalla padella. Aggiungere il sale e lo zenzero e friggere per 2 minuti. Aggiungere il cavolo e mescolare bene, quindi aggiungere la pancetta e aggiungere il brodo, coprire e cuocere a fuoco lento per circa 5 minuti fino a quando il cavolo è tenero ma ancora leggermente croccante. Aggiungere la salsa di ostriche, coprire e cuocere a fuoco lento per 1 minuto prima di servire.

Pollo alle mandorle

Da 4 a 6 porzioni

375 ml / 13 fl oz / 1½ tazza di brodo di pollo

60 ml / 4 cucchiai di vino di riso o sherry secco

45 ml / 3 cucchiai di farina di mais (amido di mais)

15 ml / 1 cucchiaio di salsa di soia

4 petti di pollo

1 albume d'uovo

2,5 ml / ½ cucchiaino di sale

olio per friggere

75 g / 3 once / ½ tazza di mandorle sbollentate

1 carota grande, a dadini

5 ml / 1 cucchiaino di radice di zenzero grattugiata

6 cipollotti (scalogno), affettati

3 gambi di sedano, affettati

100 g di funghi, affettati

100 g di germogli di bambù, tagliati a fette

Unire il brodo, metà del vino o dello sherry, 30 ml/2 cucchiai di farina di mais e la salsa di soia in una casseruola. Portare a ebollizione, mescolando, quindi cuocere a fuoco lento per 5 minuti fino a quando il composto si addensa. Togliere dal fuoco e tenere al caldo.

Rimuovere la pelle e le ossa dal pollo e tagliarlo in pezzi di 1/2,5 cm, mescolare con il vino o lo sherry rimanenti e l'amido di mais, l'albume e il sale, aggiungere i pezzi di pollo e mescolare bene. Scaldare l'olio e friggere i pezzi di pollo uno alla volta per circa 5 minuti fino a doratura. Scolare bene. Rimuovere tutto tranne 30 ml / 2 cucchiai di olio dalla padella e saltare le mandorle per 2 minuti fino a doratura. Scolare bene. Aggiungere la carota e lo zenzero nella padella e friggere per 1 minuto. Aggiungere le restanti verdure e saltare per circa 3 minuti fino a quando le verdure sono tenere ma ancora croccanti. Riportare il pollo e le mandorle nella padella con la salsa e mescolare a fuoco moderato per alcuni minuti fino a quando non saranno ben riscaldati.

Pollo con Mandorle e Castagne d'Acqua

per 4 persone

6 funghi cinesi secchi

4 pezzi di pollo disossati

100 g / 4 once di mandorle tritate

sale e pepe macinato fresco

60 ml / 4 cucchiai di olio di arachidi

100 g di castagne d'acqua, a fette

75 ml / 5 cucchiai di brodo di pollo

30 ml / 2 cucchiai di salsa di soia

Immergere i funghi in acqua tiepida per 30 minuti, quindi scolarli. Scartare i gambi e tagliare le cime. Tagliare il pollo a fettine sottili. Condire generosamente le mandorle con sale e pepe e guarnire le fette di pollo con le mandorle. Scaldate l'olio e friggete il pollo finché non sarà leggermente dorato. Aggiungere i funghi, le castagne d'acqua, il brodo e la salsa di soia, portare a ebollizione, coprire e cuocere a fuoco lento per qualche minuto fino a quando il pollo è cotto.

Pollo con Mandorle e Verdure

per 4 persone

75 ml / 5 cucchiai di olio di arachidi (arachidi)

4 fette di radice di zenzero, tritate

5 ml / 1 cucchiaino di sale

100 g / 4 once cavolo cinese, tritato

50 g / 2 once di germogli di bambù, a dadini

50 g di funghi, a dadini

2 gambi di sedano, a dadini

3 castagne d'acqua, a dadini

120 ml / 4 fl oz / ½ tazza di brodo di pollo

225 g di petto di pollo, a dadini

15 ml / 1 cucchiaio di vino di riso o sherry secco

50 g di taccole

100 g di scaglie di mandorle tostate

10 ml / 2 cucchiaini di farina di mais (amido di mais)

15 ml / 1 cucchiaio di acqua

Scaldare metà dell'olio e friggere lo zenzero e il sale per 30 secondi. Aggiungere il cavolo, i germogli di bambù, i funghi, il sedano e le castagne d'acqua e soffriggere per 2 minuti. Aggiungere il brodo, portare a ebollizione, coprire e cuocere a fuoco lento per 2 minuti. Rimuovere le verdure e la salsa dalla padella. Riscaldare l'olio rimanente e friggere il pollo per 1 minuto. Aggiungere il vino o lo sherry e cuocere per 1 minuto. Rimettete le verdure nella padella con le taccole e le mandorle e fate cuocere a fuoco basso per 30 secondi. Mescolare la farina di mais e l'acqua in una pasta, unire alla salsa e cuocere a fuoco lento, mescolando, fino a quando la salsa non si addensa.

pollo all'anice

per 4 persone

75 ml / 5 cucchiai di olio di arachidi (arachidi)
2 cipolle tritate
1 spicchio d'aglio tritato
2 fette di radice di zenzero, tritate
15 ml / 1 cucchiaio di farina semplice (per tutti gli usi)
30 ml / 2 cucchiai di curry in polvere
450 g / 1 libbra di pollo, a cubetti
15 ml / 1 cucchiaio di zucchero
30 ml / 2 cucchiai di salsa di soia
450 ml / ¾ pt / 2 tazze di brodo di pollo
2 spicchi di anice stellato
225 g / 8 once di patate, a dadini

Scaldare metà dell'olio e soffriggere le cipolle fino a quando non saranno leggermente dorate, quindi toglierle dalla padella. Riscaldare l'olio rimanente e soffriggere l'aglio e lo zenzero per 30 secondi. Aggiungere la farina e il curry e cuocere per 2 minuti. Riporta le cipolle nella padella, aggiungi il pollo e fai rosolare per 3 minuti. Aggiungere lo zucchero, la salsa di soia, il brodo e l'anice, portare a ebollizione, coprire e cuocere a fuoco lento per 15 minuti. Aggiungere le patate, tornare a ebollizione, coprire e cuocere a fuoco lento per altri 20 minuti finché sono teneri.

Pollo alle albicocche

per 4 persone
4 pezzi di pollo
sale e pepe macinato fresco
pizzico di zenzero macinato
60 ml / 4 cucchiai di olio di arachidi
8 once / 225 g di albicocche in scatola, dimezzate
300 ml / ½ pt / 1 ¼ tazze di salsa agrodolce
30 ml / 2 cucchiai di mandorle a lamelle, tostate

Condire il pollo con sale, pepe e zenzero. Scaldate l'olio e friggete il pollo finché non sarà leggermente dorato. Coprire e cuocere per circa 20 minuti finché sono teneri, girando di tanto in tanto. Scolare l'olio. Aggiungere le albicocche e la salsa nella padella, portare a ebollizione, coprire e cuocere a fuoco lento per circa 5 minuti o fino a quando non saranno ben riscaldati. Guarnire con scaglie di mandorle.

Pollo con asparagi

per 4 persone

45 ml / 3 cucchiai di olio di arachidi (arachidi)

5 ml / 1 cucchiaino di sale

1 spicchio d'aglio schiacciato

1 cipollotto (scalogno), tritato

1 petto di pollo affettato

30 ml / 2 cucchiai di salsa di fagioli neri

350 g di asparagi, tagliati a pezzi di 1/2,5 cm

120 ml / 4 fl oz / ½ tazza di brodo di pollo

5 ml / 1 cucchiaino di zucchero

15 ml / 1 cucchiaio di farina di mais (amido di mais)

45 ml / 3 cucchiai d'acqua

Scaldate metà dell'olio e soffriggete il sale, l'aglio e il cipollotto finché non saranno leggermente dorati. Aggiungere il pollo e friggere fino a quando diventa di colore chiaro. Aggiungere la salsa di fagioli neri e mescolare per ricoprire il pollo. Aggiungere gli asparagi, il brodo e lo zucchero, portare a ebollizione, coprire e cuocere a fuoco lento per 5 minuti fino a quando il pollo è tenero. Mescolare la farina di mais e l'acqua in una pasta, mescolare nella padella e cuocere a fuoco lento, mescolando, fino a quando la salsa si assottiglia e si addensa.

Pollo con melanzane

per 4 persone

225 g / 8 once di pollo, a fette
15 ml / 1 cucchiaio di salsa di soia
15 ml / 1 cucchiaio di vino di riso o sherry secco
15 ml / 1 cucchiaio di farina di mais (amido di mais)
1 melanzana (melanzana), sbucciata e tagliata a listarelle
30 ml / 2 cucchiai di olio di arachidi
2 peperoncini rossi secchi
2 spicchi d'aglio schiacciati
75 ml / 5 cucchiai di brodo di pollo

Metti il pollo in una ciotola. Mescolare la salsa di soia, il vino o lo sherry e l'amido di mais, aggiungere al pollo e lasciar riposare 30 minuti. Sbollentate le melanzane in acqua bollente per 3 minuti e scolatele bene. Scaldate l'olio e friggete i peperoni finché non diventano scuri, quindi rimuovteli e scartateli. Aggiungere l'aglio e il pollo e friggere fino a quando leggermente colorato. Aggiungere il brodo e le melanzane, portare a ebollizione, coprire e cuocere a fuoco lento per 3 minuti, mescolando di tanto in tanto.

Pollo arrotolato con pancetta

Da 4 a 6 porzioni

225 g / 8 once di pollo, a cubetti

30 ml / 2 cucchiai di salsa di soia

15 ml / 1 cucchiaio di vino di riso o sherry secco

5 ml / 1 cucchiaino di zucchero

5 ml / 1 cucchiaino di olio di sesamo

sale e pepe macinato fresco

Fette di pancetta da 225 g / 8 once

1 uovo, leggermente sbattuto

100 g / 4 once di farina (per tutti gli usi)

olio per friggere

4 pomodori, a fette

Mescolare il pollo con la salsa di soia, il vino o lo sherry, lo zucchero, l'olio di sesamo, il sale e il pepe. Coprire e marinare per 1 ora, mescolando di tanto in tanto, quindi rimuovere il pollo e scartare la marinata. Tagliate a pezzetti la pancetta e avvolgetela attorno ai cubetti di pollo. Sbattete le uova con la farina fino ad ottenere un impasto denso, aggiungendo se necessario un po' di latte. Immergere i cubetti nella pastella.

Scaldate l'olio e friggete i cubetti finché non saranno dorati e ben cotti. Servire guarnendo con i pomodorini.

Pollo con germogli di soia

per 4 persone

45 ml / 3 cucchiai di olio di arachidi (arachidi)
1 spicchio d'aglio schiacciato
1 cipollotto (scalogno), tritato
1 fetta di radice di zenzero, tritata
225 g di petto di pollo, a fette
Germogli di fagioli 225g / 8oz
45 ml / 3 cucchiai di salsa di soia
15 ml / 1 cucchiaio di vino di riso o sherry secco
5 ml / 1 cucchiaino di farina di mais (amido di mais)

Scaldare l'olio e soffriggere l'aglio, il cipollotto e lo zenzero fino a quando non saranno leggermente dorati. Aggiungere il pollo e friggere per 5 minuti. Aggiungere i germogli di soia e friggere per 2 minuti. Aggiungere la salsa di soia, il vino o lo sherry e la farina di mais e rosolare per circa 3 minuti fino a quando il pollo non sarà cotto.

Pollo con salsa di fagioli neri

per 4 persone

30 ml / 2 cucchiai di olio di arachidi

5 ml / 1 cucchiaino di sale

30 ml / 2 cucchiai di salsa di fagioli neri

2 spicchi d'aglio schiacciati

450 g / 1 libbra di pollo, a dadini

250 ml / 8 fl oz / 1 tazza di brodo

1 peperone verde tagliato a cubetti

1 cipolla tritata

15 ml / 1 cucchiaio di salsa di soia

pepe appena macinato

15 ml / 1 cucchiaio di farina di mais (amido di mais)

45 ml / 3 cucchiai d'acqua

Scaldare l'olio e soffriggere il sale, i fagioli neri e l'aglio per 30 secondi. Aggiungere il pollo e friggere fino a quando leggermente dorato. Aggiungere il brodo, portare a ebollizione, coprire e cuocere a fuoco lento per 10 minuti. Aggiungere il peperone, la cipolla, la salsa di soia e il peperone, coprire e cuocere a fuoco lento per altri 10 minuti. Mescolare la farina di mais e l'acqua fino a che liscio, aggiungere la salsa e cuocere a fuoco lento, mescolando, fino a quando la salsa si addensa e il pollo è tenero.

Pollo con broccoli

per 4 persone

450 g di carne di pollo, a dadini
Fegatini di pollo da 225 g / 8 once
45 ml / 3 cucchiai di farina (per tutti gli usi)
45 ml / 3 cucchiai di olio di arachidi (arachidi)
1 cipolla tagliata a cubetti
1 peperone rosso tagliato a cubetti
1 peperone verde tagliato a cubetti
225 g / 8 once di cimette di broccoli
4 fette di ananas, a dadini
30 ml / 2 cucchiai di passata di pomodoro (pasta)
30 ml / 2 cucchiai di salsa hoisin
30 ml / 2 cucchiai di miele
30 ml / 2 cucchiai di salsa di soia
300 ml / ½ pt / 1¼ tazze di brodo di pollo
10 ml / 2 cucchiaini di olio di sesamo

Mescolare il pollo e i fegatini di pollo nella farina. Scaldate l'olio e friggete il fegato per 5 minuti, quindi toglietelo dalla padella. Aggiungere il pollo, coprire e rosolare a fuoco moderato per 15 minuti, mescolando di tanto in tanto. Aggiungere le verdure e l'ananas e friggere per 8 minuti. Riporta i fegatini nel wok, aggiungi gli altri ingredienti e porta a ebollizione. Cuocere a fuoco basso, mescolando, fino a quando la salsa si addensa.

Pollo con cavolo e arachidi

per 4 persone

45 ml / 3 cucchiai di olio di arachidi (arachidi)

30 ml / 2 cucchiai di arachidi

450 g / 1 libbra di pollo, a dadini

½ cavolo, a dadini

15 ml / 1 cucchiaio di salsa di fagioli neri

2 peperoncini rossi tritati

5 ml / 1 cucchiaino di sale

Scaldare un filo d'olio e friggere le arachidi per qualche minuto, mescolando continuamente. Rimuovere, scolare e tritare. Riscaldare l'olio rimanente e friggere il pollo e il cavolo fino a quando non saranno leggermente dorati. Togliere dalla padella. Aggiungere la salsa di fagioli neri e i peperoncini e cuocere per 2 minuti. Rimettere il pollo e il cavolo nella padella con le arachidi tritate e condire con sale. Saltare fino a quando non è bollente, quindi servire immediatamente.

Pollo con anacardi

per 4 persone

30 ml / 2 cucchiai di salsa di soia
30 ml / 2 cucchiai di farina di mais (amido di mais)
15 ml / 1 cucchiaio di vino di riso o sherry secco
350 g / 12 once di pollo, a cubetti
45 ml / 3 cucchiai di olio di arachidi (arachidi)
2,5 ml / ½ cucchiaino di sale
2 spicchi d'aglio schiacciati
225 g / 8 once di funghi, affettati
100 g di castagne d'acqua, a fette
Germogli di bambù da 100 g / 4 once
50 g di taccole
225 g / 8 once / 2 tazze di anacardi
300 ml / ½ pt / 1 ¼ tazze di brodo di pollo

Mescolare la salsa di soia, l'amido di mais e il vino o lo sherry, versare sul pollo, coprire e marinare per almeno 1 ora. Scaldate 30 ml/2 cucchiai di olio con il sale e l'aglio e fate soffriggere fino a quando l'aglio sarà leggermente dorato. Aggiungere il pollo con la marinata e friggere per 2 minuti fino a quando il pollo è leggermente dorato. Aggiungere i funghi, le castagne d'acqua, i germogli di bambù e le taccole e friggere per 2 minuti. Nel frattempo, scaldare l'olio rimanente in una padella a parte e friggere gli anacardi a fuoco basso per qualche minuto fino a doratura. Aggiungerli nella padella con il brodo, portare a ebollizione, coprire e cuocere a fuoco lento per 5 minuti. Se la salsa non si è addensata a sufficienza, aggiungete un po' di farina di mais mescolata con un cucchiaio d'acqua e mescolate finché la salsa non si addensa e diventa chiara.

Pollo con le castagne

per 4 persone

225 g / 8 once di pollo, a fette

5 ml / 1 cucchiaino di sale

15 ml / 1 cucchiaio di salsa di soia

olio per friggere

250 ml / 8 fl oz / 1 tazza di brodo di pollo

200 g di castagne d'acqua, tritate

225 g di castagne, tritate

225 g / 8 once di funghi, tagliati in quattro

15 ml / 1 cucchiaio di prezzemolo fresco tritato

Cospargere il pollo con sale e salsa di soia e strofinare bene nel pollo. Scaldare l'olio e friggere il pollo fino a doratura, togliere e scolare. Metti il pollo in una padella con il brodo, porta ad ebollizione e fai sobbollire per 5 minuti. Aggiungere le castagne d'acqua, le castagne ei funghi, coprire e cuocere a fuoco lento per circa 20 minuti fino a quando tutto è tenero. Servire guarnendo con prezzemolo.

Pollo piccante

per 4 persone

350 g / 1 libbra di carne di pollo, a cubetti

1 uovo, leggermente sbattuto

10 ml / 2 cucchiaini di salsa di soia

2,5 ml / ½ cucchiaino di farina di mais (amido di mais)

olio per friggere

1 peperone verde tagliato a cubetti

4 spicchi d'aglio, schiacciati

2 peperoncini rossi, grattugiati

5 ml / 1 cucchiaino di pepe appena macinato

5 ml / 1 cucchiaino di aceto di vino

5 ml / 1 cucchiaino di acqua

2,5 ml / ½ cucchiaino di zucchero

2,5 ml / ½ cucchiaino di olio di peperoncino

2,5 ml / ½ cucchiaino di olio di sesamo

Amalgamate il pollo con l'uovo, metà della salsa di soia e la maizena e lasciate riposare per 30 minuti. Scaldare l'olio e friggere il pollo fino a doratura e scolarlo bene. Versare tutto tranne 15 ml/1 cucchiaio di olio dalla padella, aggiungere il pepe, l'aglio e i peperoncini e friggere per 30 secondi. Aggiungere il pepe, l'aceto di vino, l'acqua e lo zucchero e friggere per 30 secondi. Rimettete il pollo nella padella e fatelo rosolare per qualche minuto fino a cottura ultimata. Servire cosparso di peperoncino e olio di sesamo.

Pollo saltato con peperoncino

per 4 persone

225 g / 8 once di pollo, a fette

2,5 ml / ½ cucchiaino di salsa di soia

2,5 ml / ½ cucchiaino di olio di sesamo

2,5 ml / ½ cucchiaino di vino di riso o sherry secco

5 ml / 1 cucchiaino di farina di mais (amido di mais)

sale

45 ml / 3 cucchiai di olio di arachidi (arachidi)

100 g / 4 once di spinaci

4 scalogno (scalogno), tritato

2,5 ml / ½ cucchiaino di peperoncino in polvere

15 ml / 1 cucchiaio di acqua

1 pomodoro a fette

Mescolare il pollo con la salsa di soia, l'olio di sesamo, il vino o lo sherry, metà dell'amido di mais e un pizzico di sale. Lascia riposare 30 minuti. Scaldare 15 ml/1 cucchiaio di olio e friggere il pollo finché non diventa leggermente dorato. Togliere dal wok. Scaldare 15 ml/1 cucchiaio di olio e friggere gli spinaci fino a renderli morbidi, quindi rimuoverli dal wok. Riscaldare l'olio rimanente e friggere i cipollotti, il peperoncino in polvere, l'acqua e la farina di mais rimanente per 2 minuti. Aggiungi il pollo e friggi velocemente. Disporre gli spinaci su un piatto da portata caldo, guarnire con il pollo e servire guarnendo con i pomodori.

pollo alla cinese

per 4 persone

100 g / 4 once di foglie di porcellana, sminuzzate

100 g di germogli di bambù, tagliati a listarelle

60 ml / 4 cucchiai di olio di arachidi

3 cipollotti (scalogno), affettati

2 spicchi d'aglio schiacciati

1 fetta di radice di zenzero, tritata

225 g di petto di pollo, tagliato a listarelle

45 ml / 3 cucchiai di salsa di soia

15 ml / 1 cucchiaio di vino di riso o sherry secco

5 ml / 1 cucchiaino di sale

2,5 ml / ½ cucchiaino di zucchero

pepe appena macinato

15 ml / 1 cucchiaio di farina di mais (amido di mais)

Sbollentare le foglie cinesi e i germogli di bambù in acqua bollente per 2 minuti. Scolare e asciugare. Scaldare 45 ml / 3 cucchiai di olio e soffriggere la cipolla, l'aglio e lo zenzero finché non saranno leggermente dorati. Aggiungere il pollo e friggere per 4 minuti. Togliere dalla padella. Riscaldare l'olio rimanente e friggere le verdure per 3 minuti. Aggiungere il pollo, la salsa di soia, il vino o lo sherry, il sale, lo zucchero e un pizzico di pepe e cuocere per 1 minuto. Mescolare la farina di mais con un po' d'acqua, unirla alla salsa e cuocere a fuoco lento, mescolando, fino a quando la salsa si assottiglia e si addensa.

pollo chow mein

per 4 persone

30 ml / 2 cucchiai di olio di arachidi

2 spicchi d'aglio schiacciati

450 g / 1 libbra di pollo, a fette

225 g / 8 once di germogli di bambù, affettati

100 g / 4 once di sedano, affettato

225 g / 8 once di funghi, affettati

450 ml / ¾ pt / 2 tazze di brodo di pollo

Germogli di fagioli 225g / 8oz

4 cipolle, tagliate a spicchi

30 ml / 2 cucchiai di salsa di soia

30 ml / 2 cucchiai di farina di mais (amido di mais)

225 g / 8 once di spaghetti cinesi secchi

Scaldare l'olio con l'aglio fino a doratura, quindi aggiungere il pollo e friggere per 2 minuti fino a doratura. Aggiungere i germogli di bambù, il sedano e i funghi e friggere per 3 minuti. Aggiungere la maggior parte del brodo, portare a ebollizione, coprire e cuocere a fuoco lento per 8 minuti. Aggiungere i germogli di soia e le cipolle e cuocere a fuoco lento per 2 minuti, mescolando, fino a quando rimane un po' di brodo. Mescolare il brodo rimanente con la salsa di soia e l'amido di mais. Mescolare in padella e cuocere a fuoco lento, mescolando, fino a quando la salsa si assottiglia e si addensa.

Nel frattempo cuocete le tagliatelle in acqua bollente salata per qualche minuto, secondo le indicazioni sulla confezione. Scolare bene, mescolare con il composto di pollo e servire immediatamente.

Pollo speziato croccante

per 4 persone

450 g / 1 libbra di carne di pollo, tagliata a pezzi

30 ml / 2 cucchiai di salsa di soia

30 ml / 2 cucchiai di salsa di prugne

45 ml / 3 cucchiai di chutney di mango

1 spicchio d'aglio schiacciato

2,5 ml / ½ cucchiaino di zenzero macinato

qualche goccia di brandy

30 ml / 2 cucchiai di farina di mais (amido di mais)

2 uova sbattute

100 g / 4 once / 1 tazza di pangrattato secco

30 ml / 2 cucchiai di olio di arachidi

6 cipollotti (scalogno), tritati

1 peperone rosso tagliato a cubetti

1 peperone verde tagliato a cubetti

30 ml / 2 cucchiai di salsa di soia

30 ml / 2 cucchiai di miele

30 ml / 2 cucchiai di aceto di vino

Metti il pollo in una ciotola. Mescolare le salse, il chutney, l'aglio, lo zenzero e il brandy, versare sul pollo, coprire e marinare per 2 ore. Scolate il pollo e cospargetelo di farina di mais. Ricoprire con le uova e poi il pangrattato. Scaldare l'olio e friggere il pollo fino a doratura. Togliere dalla padella. Aggiungere le verdure e friggere per 4 minuti, quindi rimuovere. Scolare l'olio dalla padella, quindi rimettere il pollo e le verdure nella padella con gli altri ingredienti. Portare a ebollizione e scaldare prima di servire.

Pollo fritto con cetriolo

per 4 persone

225 g / 8 once di carne di pollo

1 albume d'uovo

2,5 ml / ½ cucchiaino di farina di mais (amido di mais)

sale

½ cetriolo

30 ml / 2 cucchiai di olio di arachidi

100 g / 4 once di funghi

50 g di germogli di bambù, tagliati a listarelle

50 g di prosciutto, a dadini

15 ml / 1 cucchiaio di acqua

2,5 ml / ½ cucchiaino di sale

2,5 ml / ½ cucchiaino di vino di riso o sherry secco

2,5 ml / ½ cucchiaino di olio di sesamo

Tagliare il pollo a fette e tagliarlo a pezzi. Mescolare con l'albume, l'amido di mais e il sale e lasciar riposare. Tagliare il cetriolo a metà nel senso della lunghezza e tagliarlo in diagonale a fette spesse. Scaldare l'olio e friggere il pollo fino a quando non sarà leggermente dorato, quindi toglierlo dalla padella. Aggiungere il cetriolo e i germogli di bambù e friggere per 1 minuto. Rimetti il pollo nella padella con il prosciutto, l'acqua, il sale e il vino o lo sherry. Portare a ebollizione e cuocere a fuoco lento fino a quando il pollo è tenero. Servire cosparso di olio di sesamo.

Pollo al curry al peperoncino

per 4 persone

120 ml / 4 fl oz / ½ tazza di olio di arachidi (arachidi)

4 pezzi di pollo

1 cipolla tritata

5 ml / 1 cucchiaino di curry in polvere

5 ml / 1 cucchiaino di salsa di peperoncino

15 ml / 1 cucchiaio di vino di riso o sherry secco

2,5 ml / ½ cucchiaino di sale

600 ml / 1 pt / 2½ tazze di brodo di pollo

15 ml / 1 cucchiaio di farina di mais (amido di mais)

45 ml / 3 cucchiai d'acqua

5 ml / 1 cucchiaino di olio di sesamo

Scaldare l'olio e friggere i pezzi di pollo fino a doratura su entrambi i lati, quindi togliere dalla padella. Aggiungere la cipolla, il curry in polvere e la salsa di peperoncino e soffriggere per 1 minuto. Aggiungere il vino o lo sherry e il sale, mescolare bene, quindi rimettere il pollo nella padella e mescolare di nuovo. Aggiungere il brodo, portare a ebollizione e cuocere a fuoco lento per circa 30 minuti fino a quando il pollo è tenero. Se la salsa non si è ridotta abbastanza, mescolare la farina di mais e l'acqua in una pasta, aggiungerne un po' alla salsa e cuocere a fuoco lento, mescolando, finché la salsa non si addensa. Servire cosparso di olio di sesamo.

pollo al curry cinese

per 4 persone

45 ml / 3 cucchiai di curry in polvere

1 cipolla affettata

350 g / 12 once di pollo, a dadini

150 ml / ¼ pt / generosa ½ tazza di brodo di pollo

5 ml / 1 cucchiaino di sale

10 ml / 2 cucchiaini di farina di mais (amido di mais)

15 ml / 1 cucchiaio di acqua

Scaldare il curry in polvere e la cipolla in una padella asciutta per 2 minuti, scuotendo la padella per ricoprire la cipolla. Aggiungere il pollo e mescolare fino a quando non sarà ben ricoperto di polvere di curry. Aggiungere il brodo e il sale, portare a ebollizione, coprire e cuocere a fuoco lento per circa 5 minuti fino a quando il pollo è tenero. Mescolare la farina di mais e l'acqua in una pasta, mescolare nella padella e cuocere a fuoco lento, mescolando, fino a quando la salsa non si addensa.

pollo al curry veloce

per 4 persone

450 g di petti di pollo, a cubetti

45 ml / 3 cucchiai di vino di riso o sherry secco

50 g / 2 once di farina di mais (amido di mais)

1 albume d'uovo

sale

150 ml / ¼ pt / generosa ½ tazza di olio di arachidi (arachidi)

15 ml / 1 cucchiaio di curry in polvere

10 ml / 2 cucchiaini di zucchero di canna

150 ml / ¼ pt / generosa ½ tazza di brodo di pollo

Mescolare i cubetti di pollo e lo sherry. Prenota 10 ml / 2 cucchiaini di farina di mais. Sbattere l'albume con la farina di mais rimanente e un pizzico di sale, quindi incorporare il pollo fino a quando non sarà ben ricoperto. Scaldare l'olio e friggere il pollo finché non è cotto e dorato. Togliere dalla padella e scolare tutto tranne 15 ml/1 cucchiaio di olio. Aggiungere la farina di mais riservata, il curry in polvere e lo zucchero e friggere per 1 minuto. Aggiungere il brodo, portare a ebollizione e cuocere a fuoco lento, mescolando continuamente, fino a quando la salsa si addensa. Riportare il pollo in padella, mescolare e riscaldare prima di servire.

Pollo al curry con patate

per 4 persone

45 ml / 3 cucchiai di olio di arachidi (arachidi)
2,5 ml / ½ cucchiaino di sale
1 spicchio d'aglio schiacciato
750 g / 1½ lb di pollo, a dadini
225 g / 8 once di patate, a cubetti
4 cipolle, tagliate a spicchi
15 ml / 1 cucchiaio di curry in polvere
450 ml / ¾ pt / 2 tazze di brodo di pollo
225 g / 8 once di funghi, affettati

Scaldate l'olio con il sale e l'aglio, aggiungete il pollo e fatelo rosolare finché non sarà leggermente dorato. Aggiungere le patate, la cipolla e il curry e friggere per 2 minuti. Aggiungere il brodo, portare a ebollizione, coprire e cuocere a fuoco lento per circa 20 minuti fino a quando il pollo è cotto, mescolando di tanto in tanto. Aggiungere i funghi, togliere il coperchio e cuocere a fuoco lento per altri 10 minuti fino a quando il liquido si sarà ridotto.

zampe di pollo fritte

per 4 persone
2 grandi cosce di pollo, disossate
2 cipollotti (scalogno)
1 fetta di zenzero, sbattuto
120 ml / 4 fl oz / ½ tazza di salsa di soia
5 ml / 1 cucchiaino di vino di riso o sherry secco
olio per friggere
5 ml / 1 cucchiaino di olio di sesamo
pepe appena macinato

Stendere la carne di pollo e inciderla dappertutto. Sbattere 1 cipollotto e tritare l'altro. Mescolare i cipollotti tritati con lo zenzero, la salsa di soia e il vino o lo sherry. Versare sul pollo e lasciare marinare per 30 minuti. Rimuovere e scolare. Mettere su un piatto su una griglia per la cottura a vapore e cuocere a vapore per 20 minuti.

Scaldare l'olio e friggere il pollo per circa 5 minuti fino a doratura. Togliere dalla padella, scolare bene e tagliare a fette spesse, quindi disporre le fette su un piatto da portata caldo. Scaldate l'olio di sesamo, aggiungete il cipollotto tritato e il peperone, versate sul pollo e servite.

Pollo fritto con salsa al curry

per 4 persone

1 uovo, leggermente sbattuto

30 ml / 2 cucchiai di farina di mais (amido di mais)

25 g / 1 oz / ¼ di tazza di farina semplice (per tutti gli usi)

2,5 ml / ½ cucchiaino di sale

225 g / 8 once di pollo, a cubetti

olio per friggere

30 ml / 2 cucchiai di olio di arachidi

30 ml / 2 cucchiai di curry in polvere

60 ml / 4 cucchiai di vino di riso o sherry secco

Sbattere l'uovo con la maizena, la farina e il sale fino ad ottenere un impasto denso. Versare sopra il pollo e mescolare bene per ricoprire. Scaldare l'olio e friggere il pollo finché non sarà dorato e ben cotto. Nel frattempo, scaldare l'olio e friggere il curry in polvere per 1 minuto. Aggiungere il vino o lo sherry e portare a ebollizione. Metti il pollo su un piatto caldo e versaci sopra la salsa al curry.

pollo ubriaco

per 4 persone

450 g / 1 libbra di filetto di pollo, tagliato a pezzi

60 ml / 4 cucchiai di salsa di soia

30 ml / 2 cucchiai di salsa hoisin

30 ml / 2 cucchiai di salsa di prugne

30 ml / 2 cucchiai di aceto di vino

2 spicchi d'aglio schiacciati

pizzico di sale

qualche goccia di olio al peperoncino

2 albumi d'uovo

60 ml / 4 cucchiai di farina di mais (amido di mais)

olio per friggere

200 ml / ½ pt / 1¼ tazze di vino di riso o sherry secco

Metti il pollo in una ciotola. Mescolare le salse e l'aceto di vino, l'aglio, il sale e l'olio al peperoncino, versare sul pollo e lasciare marinare in frigo per 4 ore. Montare a neve ferma gli albumi e aggiungere la maizena. Rimuovere il pollo dalla marinata e ricoprire con il composto di albume d'uovo. Scaldare l'olio e friggere il pollo finché non sarà ben cotto e dorato. Scolateli bene su carta da cucina e metteteli in una ciotola. Versare sopra il vino o lo sherry, coprire e lasciare marinare in frigorifero per 12 ore. Togliere il pollo dal vino e servire freddo.

Pollo salato con uova

per 4 persone

30 ml / 2 cucchiai di olio di arachidi

4 pezzi di pollo

2 scalogno (scalogno), tritato

1 spicchio d'aglio schiacciato

1 fetta di radice di zenzero, tritata

175 ml / 6 fl oz / ¾ tazza di salsa di soia

30 ml / 2 cucchiai di vino di riso o sherry secco

30 ml / 2 cucchiai di zucchero di canna

5 ml / 1 cucchiaino di sale

375 ml / 13 fl oz / 1 tazza e mezzo di acqua

4 uova sode (bollite).

15 ml / 1 cucchiaio di farina di mais (amido di mais)

Scaldare l'olio e friggere i pezzi di pollo fino a doratura. Aggiungere l'erba cipollina, l'aglio e lo zenzero e soffriggere per 2 minuti. Aggiungere la salsa di soia, il vino o lo sherry, lo zucchero e il sale e mescolare bene. Aggiungere l'acqua e portare a ebollizione, coprire e cuocere a fuoco lento per 20 minuti. Aggiungere le uova sode, coprire e cuocere per altri 15 minuti. Mescolare la farina di mais con un po' d'acqua, unirla alla salsa e cuocere a fuoco lento, mescolando, fino a quando la salsa si assottiglia e si addensa.

involtini di uova di pollo

per 4 persone

4 funghi cinesi secchi

100 g di pollo, tagliato a listarelle

5 ml / 1 cucchiaino di farina di mais (amido di mais)

15 ml / 1 cucchiaio di salsa di soia

2,5 ml / ½ cucchiaino di sale

2,5 ml / ½ cucchiaino di zucchero

60 ml / 4 cucchiai di olio di arachidi

Germogli di fagioli 225g / 8oz

3 scalogni (scalogno), tritati

100 g / 4 once di spinaci

12 pelli di rotolo di uova

1 uovo sbattuto

olio per friggere

Immergere i funghi in acqua tiepida per 30 minuti, quindi scolarli. Scartare i gambi e tritare le cime. Metti il pollo in una ciotola. Mescolare la farina di mais con 5 ml/1 cucchiaino di salsa di soia, il sale e lo zucchero e aggiungere al pollo. Lasciare riposare per 15 minuti. Scaldare metà dell'olio e friggere il pollo finché non sarà leggermente dorato. Sbollentare i germogli di soia in acqua bollente per 3 minuti, quindi scolarli. Riscaldare l'olio rimanente e friggere i cipollotti finché non saranno leggermente dorati. Aggiungere i funghi, i germogli di soia, gli spinaci e il resto della salsa di soia. Aggiungere il pollo e rosolare per 2 minuti. Lasciate raffreddare. Mettere un po' di ripieno al centro di ogni pelle e spennellare i bordi con l'uovo sbattuto. Piegare i lati e poi arrotolare gli involtini, sigillare i bordi con l'uovo. Scaldare l'olio e friggere gli involtini fino a renderli croccanti e dorati.

Pollo Brasato Con Uova

per 4 persone

30 ml / 2 cucchiai di olio di arachidi

4 filetti di petto di pollo, tagliati a listarelle

1 peperone rosso tagliato a listarelle

1 peperone verde tagliato a listarelle

45 ml / 3 cucchiai di salsa di soia

45 ml / 3 cucchiai di vino di riso o sherry secco

250 ml / 8 fl oz / 1 tazza di brodo di pollo

100 g di lattuga iceberg, tritata

5 ml / 1 cucchiaino di zucchero di canna

30 ml / 2 cucchiai di salsa hoisin

sale e pepe

15 ml / 1 cucchiaio di farina di mais (amido di mais)

30 ml / 2 cucchiai d'acqua

4 uova

30 ml / 2 cucchiai di sherry

Scaldare l'olio e friggere il pollo e i peperoni fino a doratura. Aggiungere la salsa di soia, il vino o lo sherry e il brodo, portare a ebollizione, coprire e cuocere a fuoco lento per 30 minuti. Aggiungere la lattuga, lo zucchero e la salsa hoisin e condire con sale e pepe. Mescolare la farina di mais e l'acqua, mescolare con la salsa e portare a ebollizione, mescolando. Sbattere le uova con lo sherry e friggere come tortillas sottili. Cospargere di sale e pepe e tagliare a listarelle. Disporre su un piatto da portata caldo e versare sopra il pollo.

pollo dell'estremo oriente

per 4 persone

60 ml / 4 cucchiai di olio di arachidi

450 g / 1 libbra di carne di pollo, tagliata a pezzi

2 spicchi d'aglio schiacciati

2,5 ml / ½ cucchiaino di sale

2 cipolle tritate

2 pezzi di gambo di zenzero, tritati

45 ml / 3 cucchiai di salsa di soia

30 ml / 2 cucchiai di salsa hoisin

45 ml / 3 cucchiai di vino di riso o sherry secco

300 ml / ½ pt / 1 ¼ tazze di brodo di pollo

5 ml / 1 cucchiaino di pepe appena macinato

6 uova sode (sode), tritate

15 ml / 1 cucchiaio di farina di mais (amido di mais)

15 ml / 1 cucchiaio di acqua

Scaldare l'olio e friggere il pollo fino a doratura. Aggiungere l'aglio, il sale, la cipolla e lo zenzero e soffriggere per 2 minuti. Aggiungi salsa di soia, salsa hoisin, vino o sherry, brodo e pepe. Portare a ebollizione, coprire e cuocere a fuoco basso per 30 minuti. Aggiungi le uova. Mescolare la farina di mais e l'acqua e mescolare nella salsa. Portare a ebollizione e cuocere a fuoco lento, mescolando, fino a quando la salsa si addensa.

Pollo Foo Yung

per 4 persone
6 uova sbattute
45 ml / 3 cucchiai di farina di mais (amido di mais)
100 g di funghi, tritati grossolanamente
225 g di petto di pollo, a dadini
1 cipolla tritata finemente
5 ml / 1 cucchiaino di sale
45 ml / 3 cucchiai di olio di arachidi (arachidi)

Sbattete le uova e poi aggiungete la farina di mais. Aggiungere tutti gli altri ingredienti tranne l'olio. Riscaldare l'olio. Versare il composto nella padella poco alla volta per ottenere delle frittelle larghe circa 7,5 cm. Cuocere fino a quando il fondo non diventa marrone dorato, quindi capovolgere e cuocere dall'altro lato.

Prosciutto e pollo Foo Yung

per 4 persone

6 uova sbattute

45 ml / 3 cucchiai di farina di mais (amido di mais)

100 g di prosciutto, a dadini

225 g di petto di pollo, a dadini

3 cipollotti (scalogno), tritati finemente

5 ml / 1 cucchiaino di sale

45 ml / 3 cucchiai di olio di arachidi (arachidi)

Sbattete le uova e poi aggiungete la farina di mais. Aggiungere tutti gli altri ingredienti tranne l'olio. Riscaldare l'olio. Versare il composto nella padella poco alla volta per ottenere delle frittelle larghe circa 7,5 cm. Cuocere fino a quando il fondo non diventa marrone dorato, quindi capovolgere e cuocere dall'altro lato.

Pollo fritto allo zenzero

per 4 persone

1 pollo, tagliato a metà
4 fette di radice di zenzero, schiacciate
30 ml / 2 cucchiai di vino di riso o sherry secco
30 ml / 2 cucchiai di salsa di soia
5 ml / 1 cucchiaino di zucchero
olio per friggere

Metti il pollo in una ciotola poco profonda. Mescolare lo zenzero, il vino o lo sherry, la salsa di soia e lo zucchero, versare sul pollo e strofinare sulla pelle. Lasciate macerare per 1 ora. Riscaldare l'olio e friggere il pollo, metà alla volta, finché non diventa di colore chiaro. Togliere dall'olio e lasciare raffreddare leggermente mentre si riscalda l'olio. Riportare il pollo in padella e friggere fino a doratura e cotto. Scolare bene prima di servire.

pollo allo zenzero

per 4 persone

225 g / 8 once di pollo, affettato sottile

1 albume d'uovo

pizzico di sale

2,5 ml / ½ cucchiaino di farina di mais (amido di mais)

15 ml / 1 cucchiaio di olio di arachidi

10 fette di radice di zenzero

6 funghi, tagliati a metà

1 carota affettata

2 scalogno (scalogno), affettato

5 ml / 1 cucchiaino di vino di riso o sherry secco

5 ml / 1 cucchiaino di acqua

2,5 ml / ½ cucchiaino di olio di sesamo

Mescolare il pollo con l'albume, il sale e l'amido di mais. Scaldare metà dell'olio e friggere il pollo finché non sarà leggermente dorato, quindi toglierlo dalla padella. Riscaldare l'olio rimanente e friggere lo zenzero, i funghi, la carota e i cipollotti per 3 minuti. Riporta il pollo nella padella con il vino o lo sherry e l'acqua e fai sobbollire fino a quando il pollo è tenero. Servire cosparso di olio di sesamo.

Pollo allo zenzero con funghi e castagne

per 4 persone

60 ml / 4 cucchiai di olio di arachidi

225 g di cipolle, affettate

450 g di carne di pollo, a dadini

100 g di funghi, affettati

30 ml / 2 cucchiai di farina semplice (per tutti gli usi)

60 ml / 4 cucchiai di salsa di soia

10 ml / 2 cucchiaini di zucchero

sale e pepe macinato fresco

900 ml / 1½ pt / 3¾ tazze di acqua calda

2 fette di radice di zenzero, tritate

450 g / 1 libbra di castagne d'acqua

Scaldate metà dell'olio e soffriggete le cipolle per 3 minuti e poi toglietele dalla padella. Riscaldare l'olio rimanente e friggere il pollo finché non diventa leggermente dorato.

Aggiungere i funghi e cuocere per 2 minuti. Spolverare il composto con la farina, quindi aggiungere la salsa di soia, lo zucchero, il sale e il pepe. Versare l'acqua e lo zenzero, la cipolla e le castagne. Portare a ebollizione, coprire e cuocere a fuoco basso per 20 minuti. Togliere il coperchio e continuare a cuocere a fuoco lento fino a quando la salsa non si sarà ridotta.

pollo dorato

per 4 persone

8 piccoli pezzi di pollo
300 ml / ½ pt / 1 ¼ tazze di brodo di pollo
45 ml / 3 cucchiai di salsa di soia
15 ml / 1 cucchiaio di vino di riso o sherry secco
5 ml / 1 cucchiaino di zucchero
1 radice di zenzero affettata, tritata

Metti tutti gli ingredienti in una padella capiente, porta ad ebollizione, copri e fai sobbollire per circa 30 minuti fino a quando il pollo è cotto. Togliere il coperchio e continuare a cuocere a fuoco lento fino a quando la salsa non si sarà ridotta.

Stufato Di Pollo Dorato Marinato

per 4 persone

4 pezzi di pollo

300 ml / ½ pt / 1¼ tazze di salsa di soia

olio per friggere

4 cipollotti (scalogno), a fette spesse

1 fetta di radice di zenzero, tritata

2 peperoncini rossi, affettati

3 spicchi di anice stellato

50 g / 2 once di germogli di bambù, tagliati a fette

150 ml / 1½ pt / generosa ½ tazza di brodo di pollo

30 ml / 2 cucchiai di farina di mais (amido di mais)

60 ml / 4 cucchiai d'acqua

5 ml / 1 cucchiaino di olio di sesamo

Tagliare il pollo a pezzi grossi e marinare nella salsa di soia per 10 minuti. Rimuovere e scolare, riservando la salsa di soia. Scaldare l'olio e friggere il pollo per circa 2 minuti fino a quando non diventa leggermente dorato. Rimuovere e scolare. Versare tutto tranne 30 ml/2 cucchiai di olio, quindi aggiungere lo scalogno, lo zenzero, i peperoncini e l'anice stellato e friggere per 1 minuto. Riporta il pollo nella padella con i germogli di bambù e la salsa di soia riservata, aggiungendo abbastanza brodo per coprire il pollo. Portare a ebollizione e cuocere a fuoco lento per circa 10 minuti fino a quando il pollo è tenero. Togliere il pollo dalla salsa con una schiumarola e adagiarlo su un piatto da portata caldo. Filtrare la salsa, quindi rimetterla nella padella. Mescolare la farina di mais e l'acqua fino ad ottenere una pasta,

Monete d'oro

per 4 persone

4 filetti di petto di pollo

30 ml / 2 cucchiai di miele

30 ml / 2 cucchiai di aceto di vino

30 ml / 2 cucchiai di salsa di pomodoro (ketchup)

30 ml / 2 cucchiai di salsa di soia

pizzico di sale

2 spicchi d'aglio schiacciati

5 ml / 1 cucchiaino di cinque spezie in polvere

45 ml / 3 cucchiai di farina (per tutti gli usi)

2 uova sbattute

5 ml / 1 cucchiaino radice di zenzero grattugiata

5 ml / 1 cucchiaino di scorza di limone grattugiata

100 g / 4 once / 1 tazza di pangrattato secco

olio per friggere

Metti il pollo in una ciotola. Mescolare miele, aceto di vino, salsa di pomodoro, salsa di soia, sale, aglio e cinque spezie in polvere. Versare sul pollo, mescolare bene, coprire e marinare in frigorifero per 12 ore.

Rimuovere il pollo dalla marinata e tagliarlo a strisce spesse. Cospargere di farina. Sbattere le uova, lo zenzero e la scorza di limone. Ricoprire il pollo con il composto e poi con il pangrattato fino a ricoprirlo uniformemente. Scaldare l'olio e friggere il pollo fino a doratura.

Pollo al vapore con prosciutto

per 4 persone

4 porzioni di pollo

100 g di prosciutto affumicato, tritato

3 scalogni (scalogno), tritati

15 ml / 1 cucchiaio di olio di arachidi

sale e pepe macinato fresco

15 ml / 1 cucchiaio di prezzemolo a foglia piatta

Tagliare le porzioni di pollo in pezzetti di 5 cm/1 e metterle in una ciotola refrattaria con il prosciutto e l'erba cipollina. Condire con olio e condire con sale e pepe, quindi mescolare delicatamente gli ingredienti. Metti la ciotola su una griglia in una vaporiera, copri e cuoci a vapore su acqua bollente per circa 40 minuti fino a quando il pollo è tenero. Servire guarnendo con prezzemolo.

Pollo con salsa Hoisin

per 4 persone

4 porzioni di pollo, tagliate a metà

50 g / 2 once / ½ tazza di farina di mais (amido di mais)

olio per friggere

10 ml / 2 cucchiaini di radice di zenzero grattugiata

2 cipolle tritate

225 g / 8 once di cimette di broccoli

1 peperone rosso tritato

Funghi 225g / 8oz

250 ml / 8 fl oz / 1 tazza di brodo di pollo

45 ml / 3 cucchiai di vino di riso o sherry secco

45 ml / 3 cucchiai di aceto di sidro

45 ml / 3 cucchiai di salsa hoisin

20 ml / 4 cucchiaini di salsa di soia

Ricoprire i pezzi di pollo con metà della farina di mais. Riscaldare l'olio e friggere i pezzi di pollo uno alla volta per circa 8 minuti fino a doratura e cottura. Togliere dalla padella e scolare su carta da cucina. Rimuovere tutti tranne 30 ml/2 cucchiai di olio dalla padella e rosolare lo zenzero per 1 minuto. Aggiungere le cipolle e soffriggere per 1 minuto. Aggiungere i broccoli, il pepe e i funghi e friggere per 2 minuti. Unire il brodo con la farina di mais riservata e gli ingredienti rimanenti e aggiungere alla padella. Portare a ebollizione, mescolando e cuocere fino a quando la salsa non si schiarisce. Riporta il pollo nel wok e cuoci, mescolando, per circa 3 minuti fino a quando non sarà riscaldato.

pollo al miele

per 4 persone

30 ml / 2 cucchiai di olio di arachidi

4 pezzi di pollo

30 ml / 2 cucchiai di salsa di soia

120 ml / 4 fl oz / ½ tazza di vino di riso o sherry secco

30 ml / 2 cucchiai di miele

5 ml / 1 cucchiaino di sale

1 cipollotto (scalogno), tritato

1 fetta di radice di zenzero, tritata finemente

Scaldare l'olio e friggere il pollo fino a doratura su tutti i lati. Scolare l'olio in eccesso. Mescolare gli altri ingredienti e versare nella padella. Portare a ebollizione, coprire e cuocere a fuoco lento per circa 40 minuti fino a quando il pollo è cotto.

Pollo Kung Pao

per 4 persone

450 g / 1 libbra di pollo, a cubetti

1 albume d'uovo

5 ml / 1 cucchiaino di sale

30 ml / 2 cucchiai di farina di mais (amido di mais)

60 ml / 4 cucchiai di olio di arachidi

1 oz / 25 g di peperoncini rossi essiccati, tagliati

5 ml / 1 cucchiaino di aglio tritato

15 ml / 1 cucchiaio di salsa di soia

15 ml / 1 cucchiaio di vino di riso o sherry secco 5 ml / 1 cucchiaino di zucchero

5 ml / 1 cucchiaino di aceto di vino

5 ml / 1 cucchiaino di olio di sesamo

30 ml / 2 cucchiai d'acqua

Mettete il pollo in una ciotola con l'albume, il sale e metà della maizena e lasciate marinare per 30 minuti. Scaldare l'olio e friggere il pollo fino a quando non sarà leggermente dorato, quindi toglierlo dalla padella. Scaldare l'olio e soffriggere i peperoni e l'aglio per 2 minuti. Riporta il pollo nella padella con la salsa di soia, il vino o lo sherry, lo zucchero, l'aceto di vino e l'olio di sesamo e fai rosolare per 2 minuti. Mescolare la farina di mais rimanente con l'acqua, mescolarla nella padella e cuocere a fuoco lento, mescolando, fino a quando la salsa si assottiglia e si addensa.

Pollo con porri

per 4 persone

30 ml / 2 cucchiai di olio di arachidi
5 ml / 1 cucchiaino di sale
225 g di porri, affettati
1 fetta di radice di zenzero, tritata
225 g / 8 once di pollo, affettato sottile
15 ml / 1 cucchiaio di vino di riso o sherry secco
15 ml / 1 cucchiaio di salsa di soia

Scaldare metà dell'olio e soffriggere il sale e i porri fino a quando non saranno leggermente dorati, quindi toglierli dalla padella. Riscaldare l'olio rimanente e friggere lo zenzero e il pollo fino a quando non saranno leggermente dorati. Aggiungi il vino o lo sherry e la salsa di soia e friggi altri 2 minuti fino a quando il pollo è cotto. Riporta i porri nella padella e mescola fino a quando non si saranno riscaldati. Servi subito.

Pollo al limone

per 4 persone

4 petti di pollo disossati

2 uova

50 g / 2 once / ½ tazza di farina di mais (amido di mais)

50 g / 2 once / ½ tazza di farina semplice (per tutti gli usi)

150 ml / ¼ pt / generosa ½ tazza d'acqua

olio di arachidi per friggere

250 ml / 8 fl oz / 1 tazza di brodo di pollo

60 ml / 5 cucchiai di succo di limone

30 ml / 2 cucchiai di vino di riso o sherry secco

30 ml / 2 cucchiai di farina di mais (amido di mais)

30 ml / 2 cucchiai di passata di pomodoro (pasta)

1 lattuga

Tagliare ogni petto di pollo in 4 pezzi. Sbattere le uova, l'amido di mais e la farina per tutti gli usi, aggiungendo acqua quanto basta per ottenere una pastella densa. Metti i pezzi di pollo nella pastella e mescola fino a quando non saranno ben ricoperti. Scaldare l'olio e friggere il pollo finché non sarà dorato e ben cotto.

Nel frattempo, unire il brodo, il succo di limone, il vino o lo sherry, l'amido di mais e la passata di pomodoro e scaldare delicatamente, mescolando, fino a quando bolle. Cuocere a fuoco basso, mescolando continuamente, fino a quando la salsa si addensa e si schiarisce. Disporre il pollo su un piatto da portata caldo su un letto di foglie di lattuga e versare sopra la salsa o servire a parte.

Frittura Di Pollo Al Limone

per 4 persone

450 g / 1 libbra di pollo disossato, affettato

30 ml / 2 cucchiai di succo di limone

15 ml / 1 cucchiaio di salsa di soia

15 ml / 1 cucchiaio di vino di riso o sherry secco

30 ml / 2 cucchiai di farina di mais (amido di mais)

30 ml / 2 cucchiai di olio di arachidi

2,5 ml / ½ cucchiaino di sale

2 spicchi d'aglio schiacciati

50 g di castagne d'acqua, tagliate a listarelle

50 g di germogli di bambù, tagliati a listarelle

qualche foglia cinese, tagliata a listarelle

60 ml / 4 cucchiai di brodo di pollo

15 ml / 1 cucchiaio di passata di pomodoro (pasta)

15 ml / 1 cucchiaio di zucchero

15 ml / 1 cucchiaio di succo di limone

Metti il pollo in una ciotola. Mescolare il succo di limone, la salsa di soia, il vino o lo sherry e 15 ml/1 cucchiaio di farina di mais, versare sul pollo e marinare per 1 ora, girando di tanto in tanto.

Scaldare l'olio, il sale e l'aglio fino a quando l'aglio è leggermente dorato, quindi aggiungere il pollo e la marinata e rosolare per circa 5 minuti fino a quando il pollo è leggermente dorato. Aggiungere le castagne d'acqua, i germogli di bambù e le foglie cinesi e cuocere per altri 3 minuti o fino a quando il pollo è cotto. Aggiungere gli altri ingredienti e saltare per circa 3 minuti fino a quando la salsa si schiarisce e si addensa.

Fegatini di pollo con germogli di bambù

per 4 persone

8 once / 225 g di fegatini di pollo, tagliati a fette spesse
45 ml / 3 cucchiai di vino di riso o sherry secco
45 ml / 3 cucchiai di olio di arachidi (arachidi)
15 ml / 1 cucchiaio di salsa di soia
100 g di germogli di bambù, tagliati a fette
100 g di castagne d'acqua, a fette
60 ml / 4 cucchiai di brodo di pollo
sale e pepe macinato fresco

Mescolare i fegatini di pollo con il vino o lo sherry e lasciar riposare per 30 minuti. Scaldate l'olio e friggete i fegatini di pollo finché non saranno leggermente dorati. Aggiungere la marinata, la salsa di soia, i germogli di bambù, le castagne d'acqua e il brodo. Portare a ebollizione e condire con sale e pepe. Coprire e cuocere a fuoco lento per circa 10 minuti fino a quando saranno teneri.

fegatini di pollo fritti

per 4 persone

450 g di fegatini di pollo, tagliati a metà
50 g / 2 once / ½ tazza di farina di mais (amido di mais)
olio per friggere

Asciugare i fegatini di pollo, quindi spolverare con farina di mais, eliminando l'eccesso. Scaldare l'olio e friggere i fegatini di pollo per qualche minuto fino a doratura e ben cotti. Scolare su carta da cucina prima di servire.

Fegatini di pollo con taccole

per 4 persone

8 once / 225 g di fegatini di pollo, tagliati a fette spesse
10 ml / 2 cucchiaini di farina di mais (amido di mais)
10 ml / 2 cucchiaini di vino di riso o sherry secco
15 ml / 1 cucchiaio di salsa di soia
45 ml / 3 cucchiai di olio di arachidi (arachidi)
2,5 ml / ½ cucchiaino di sale
2 fette di radice di zenzero, tritate
100 g di taccole
10 ml / 2 cucchiaini di farina di mais (amido di mais)
60 ml / 4 cucchiai d'acqua

Metti i fegatini di pollo in una ciotola. Aggiungi farina di mais, vino o sherry e salsa di soia e mescola bene per ricoprire. Scaldate metà dell'olio e friggete il sale e lo zenzero finché non saranno leggermente dorati. Aggiungere le taccole e friggere fino a coprirle bene con l'olio, quindi togliere dalla padella. Riscaldare l'olio rimanente e friggere i fegatini di pollo per 5 minuti fino a quando non saranno ben cotti. Mescolare la farina di mais e l'acqua in una pasta, mescolare nella padella e cuocere a fuoco lento, mescolando, fino a quando la salsa si assottiglia e si addensa. Riporta il taccole nella padella e fai sobbollire finché non si sarà riscaldato.

Fegatini di pollo con frittelle di noodle

per 4 persone

30 ml / 2 cucchiai di olio di arachidi

1 cipolla affettata

450 g di fegatini di pollo, tagliati a metà

2 gambi di sedano, affettati

120 ml / 4 fl oz / ½ tazza di brodo di pollo

15 ml / 1 cucchiaio di farina di mais (amido di mais)

15 ml / 1 cucchiaio di salsa di soia

30 ml / 2 cucchiai d'acqua

frittella di pasta

Scaldate l'olio e soffriggete la cipolla finché non si sarà ammorbidita. Aggiungere i fegatini di pollo e friggere fino a quando non saranno colorati. Aggiungere il sedano e soffriggere per 1 minuto. Aggiungere il brodo, portare a ebollizione, coprire e cuocere a fuoco lento per 5 minuti. Mescolare la farina di mais, la salsa di soia e l'acqua in una pasta, mescolare nella padella e cuocere a fuoco lento, mescolando, fino a quando la salsa si assottiglia e si addensa. Versare il composto sulla frittella di noodle e servire.

Fegatini di pollo con salsa di ostriche

per 4 persone

45 ml / 3 cucchiai di olio di arachidi (arachidi)

1 cipolla tritata

225 g di fegatini di pollo, tagliati a metà

100 g di funghi, affettati

30 ml / 2 cucchiai di salsa di ostriche

15 ml / 1 cucchiaio di salsa di soia

15 ml / 1 cucchiaio di vino di riso o sherry secco

120 ml / 4 fl oz / ½ tazza di brodo di pollo

5 ml / 1 cucchiaino di zucchero

15 ml / 1 cucchiaio di farina di mais (amido di mais)

45 ml / 3 cucchiai d'acqua

Scaldare metà dell'olio e soffriggere la cipolla fino a renderla morbida. Aggiungere i fegatini di pollo e friggerli finché non prendono colore. Aggiungere i funghi e friggere per 2 minuti. Mescolare la salsa di ostriche, la salsa di soia, il vino o lo sherry, il brodo e lo zucchero, versare nella padella e portare a ebollizione, mescolando. Mescolare la farina di mais e l'acqua in una pasta, aggiungere nella padella e cuocere a fuoco lento, mescolando, fino a quando la salsa si assottiglia e si addensa ei fegatini sono teneri.

Fegatini di pollo con ananas

per 4 persone

225 g di fegatini di pollo, tagliati a metà
45 ml / 3 cucchiai di olio di arachidi (arachidi)
30 ml / 2 cucchiai di salsa di soia
15 ml / 1 cucchiaio di farina di mais (amido di mais)
15 ml / 1 cucchiaio di zucchero
15 ml / 1 cucchiaio di aceto di vino
sale e pepe macinato fresco
Pezzi di ananas da 100 g / 4 once
60 ml / 4 cucchiai di brodo di pollo

Sbollentare i fegatini di pollo in acqua bollente per 30 secondi, quindi scolarli. Riscaldare l'olio e friggere i fegatini di pollo per 30 secondi. Mescolare la salsa di soia, la farina di mais, lo zucchero, l'aceto di vino, il sale e il pepe, versare nella padella e mescolare bene per ricoprire i fegatini di pollo. Aggiungere i pezzi di ananas e il brodo e saltare per circa 3 minuti fino a quando i fegatini sono cotti.

Fegatini di pollo in agrodolce

per 4 persone

30 ml / 2 cucchiai di olio di arachidi
450 g di fegatini di pollo, tagliati in quarti
2 peperoni verdi, tagliati a pezzi
4 fette di ananas in scatola, tagliate a pezzi
60 ml / 4 cucchiai di brodo di pollo
30 ml / 2 cucchiai di farina di mais (amido di mais)
10 ml / 2 cucchiaini di salsa di soia
100 g / 4 once / ½ tazza di zucchero
120 ml / 4 fl oz / ½ tazza di aceto di vino
120 ml / 4 fl oz / ½ tazza d'acqua

Scaldare l'olio e friggere i fegatini fino a quando non saranno leggermente dorati, quindi trasferirli in un piatto da portata caldo. Aggiungere i peperoni nella padella e friggere per 3 minuti. Aggiungere l'ananas e il brodo, portare a ebollizione, coprire e cuocere a fuoco lento per 15 minuti. Mescolare gli ingredienti rimanenti in una pasta, mescolare nella padella e cuocere a fuoco lento, mescolando, fino a quando la salsa si addensa. Versare sopra i fegatini di pollo e servire.

Pollo con litchi

per 4 persone

3 petti di pollo

60 ml / 4 cucchiai di farina di mais (amido di mais)

45 ml / 3 cucchiai di olio di arachidi (arachidi)

5 cipollotti (scalogno), affettati

1 peperone rosso tagliato a pezzi

120 ml / 4 fl oz / ½ tazza di salsa di pomodoro

120 ml / 4 fl oz / ½ tazza di brodo di pollo

5 ml / 1 cucchiaino di zucchero

10 oz / 275 g di litchi sbucciati

Tagliare a metà i petti di pollo e rimuovere ed eliminare le ossa e la pelle. Taglia ogni petto in 6. Metti da parte 5 ml / 1 cucchiaino di farina di mais e getta il pollo nel resto fino a quando non sarà ben ricoperto. Scaldare l'olio e friggere il pollo per circa 8 minuti fino a doratura. Aggiungere l'erba cipollina e il peperone e friggere per 1 minuto. Mescolare la salsa di pomodoro, metà del brodo e lo zucchero e mescolare con i litchi nel wok. Portare a ebollizione, coprire e cuocere a fuoco lento per circa 10 minuti fino a quando il pollo è cotto. Mescolare la farina di mais e il brodo riservati, quindi incorporarli nella padella. Cuocere a fuoco basso, mescolando, fino a quando la salsa si assottiglia e si addensa.

Pollo con salsa al litchi

per 4 persone

Pollo da 225 g / 8 once
1 cipollotto (cipollotto)
4 castagne d'acqua
30 ml / 2 cucchiai di farina di mais (amido di mais)
45 ml / 3 cucchiai di salsa di soia
30 ml / 2 cucchiai di vino di riso o sherry secco
2 albumi d'uovo
olio per friggere
400 g / 14 oz di litchi in scatola sciroppati
5 cucchiai di brodo di pollo

Tritare (macinare) il pollo con l'erba cipollina e le castagne d'acqua. Mescolare metà dell'amido di mais, 30 ml/2 cucchiai di salsa di soia, il vino o lo sherry e gli albumi. Formate con il composto delle palline della grandezza di una noce. Scaldare l'olio e friggere il pollo fino a doratura. Scolare su salviette di carta.

Nel frattempo, scaldare delicatamente lo sciroppo di litchi con il brodo e la salsa di soia riservata. Mescolate la restante farina di mais con un po' d'acqua, mescolatela nella padella e fate cuocere a fuoco basso, mescolando, fino a quando la salsa si assottiglia e si addensa. Aggiungere i litchi e cuocere a fuoco lento. Disporre il pollo su un piatto da portata riscaldato, versare sopra i litchi e la salsa e servire immediatamente.

Pollo con taccole

per 4 persone

225 g / 8 once di pollo, affettato sottile
5 ml / 1 cucchiaino di farina di mais (amido di mais)
5 ml / 1 cucchiaino di vino di riso o sherry secco
5 ml / 1 cucchiaino di olio di sesamo
1 albume d'uovo, leggermente sbattuto
45 ml / 3 cucchiai di olio di arachidi (arachidi)
1 spicchio d'aglio schiacciato
1 fetta di radice di zenzero, tritata
100 g di taccole
120 ml / 4 fl oz / ½ tazza di brodo di pollo
sale e pepe macinato fresco

Mescolare il pollo con amido di mais, vino o sherry, olio di sesamo e albume d'uovo. Scaldate metà dell'olio e soffriggete l'aglio e lo zenzero finché non saranno leggermente dorati. Aggiungere il pollo e friggere fino a doratura, quindi togliere dalla padella. Riscaldare l'olio rimanente e friggere le taccole per 2 minuti. Aggiungere il brodo, portare a ebollizione, coprire e cuocere a fuoco lento per 2 minuti. Riporta il pollo nella padella e condisci con sale e pepe. Cuocere a fuoco basso fino a quando non sarà riscaldato.

Pollo al mango

per 4 persone

100 g / 4 once / 1 tazza di farina semplice (per tutti gli usi)
250 ml / 8 fl oz / 1 tazza di acqua
2,5 ml / ½ cucchiaino di sale
pizzico di lievito per dolci
3 petti di pollo
olio per friggere
1 fetta di radice di zenzero, tritata
150 ml / ¼ pt / generosa ½ tazza di brodo di pollo
45 ml / 3 cucchiai di aceto di vino
45 ml / 3 cucchiai di vino di riso o sherry secco
20 ml / 4 cucchiaini di salsa di soia
10 ml / 2 cucchiaini di zucchero
10 ml / 2 cucchiaini di farina di mais (amido di mais)
5 ml / 1 cucchiaino di olio di sesamo
5 cipollotti (scalogno), affettati
400 g di mango in scatola, scolati e tagliati a listarelle

Sbattere insieme la farina, l'acqua, il sale e il lievito. Lasciare riposare per 15 minuti. Rimuovere ed eliminare la pelle e le ossa dal pollo. Tagliare il pollo a listarelle sottili. Unitele al composto di farina. Scaldare l'olio e friggere il pollo per circa 5 minuti fino a doratura. Togliere dalla padella e scolare su carta da cucina. Rimuovere tutto tranne 15 ml / 1 cucchiaio di olio dal wok e rosolare lo zenzero fino a quando non diventa leggermente dorato. Mescolare il brodo con il vino, l'aceto di vino o di sherry, la salsa di soia, lo zucchero, la farina di mais e l'olio di sesamo. Aggiungere alla padella e portare a ebollizione, mescolando. Aggiungere l'erba cipollina e cuocere a fuoco lento per 3 minuti. Aggiungere il pollo e il mango e cuocere a fuoco lento, mescolando, per 2 minuti.

Melone Ripieno Di Pollo

per 4 persone

350 g / 12 once di carne di pollo

6 castagne d'acqua

2 capesante sgusciate

4 fette di radice di zenzero

5 ml / 1 cucchiaino di sale

15 ml / 1 cucchiaio di salsa di soia

600 ml / 1 pt / 2½ tazze di brodo di pollo

8 meloni piccoli o 4 medi

Tritare finemente il pollo, le castagne, le capesante e lo zenzero e mescolare con il sale, la salsa di soia e il brodo. Taglia la parte superiore dei meloni e raccogli i semi. Ho visto i bordi superiori. Farcire i meloni con il composto di pollo e metterli su una griglia in una vaporiera. Cuocere a vapore in acqua bollente per 40 minuti fino a quando il pollo è cotto.

Pollo saltato e funghi

per 4 persone

45 ml / 3 cucchiai di olio di arachidi (arachidi)

1 spicchio d'aglio schiacciato

1 cipollotto (scalogno), tritato

1 fetta di radice di zenzero, tritata

225 g di petto di pollo, a fette

Funghi 225g / 8oz

45 ml / 3 cucchiai di salsa di soia

15 ml / 1 cucchiaio di vino di riso o sherry secco

5 ml / 1 cucchiaino di farina di mais (amido di mais)

Scaldare l'olio e soffriggere l'aglio, il cipollotto e lo zenzero fino a quando non saranno leggermente dorati. Aggiungere il pollo e friggere per 5 minuti. Aggiungere i funghi e friggere per 3 minuti. Aggiungere la salsa di soia, il vino o lo sherry e la farina di mais e rosolare per circa 5 minuti fino a quando il pollo non sarà cotto.

Pollo con Funghi e Arachidi

per 4 persone

30 ml / 2 cucchiai di olio di arachidi

2 spicchi d'aglio schiacciati

1 fetta di radice di zenzero, tritata

450 g / 1 libbra di pollo disossato, a cubetti

Funghi 225g / 8oz

100 g di germogli di bambù, tagliati a listarelle

1 peperone verde a cubetti

1 peperone rosso tagliato a cubetti

250 ml / 8 fl oz / 1 tazza di brodo di pollo

30 ml / 2 cucchiai di vino di riso o sherry secco

15 ml / 1 cucchiaio di salsa di soia

15 ml / 1 cucchiaio di salsa tabasco

30 ml / 2 cucchiai di farina di mais (amido di mais)

30 ml / 2 cucchiai d'acqua

Scaldare l'olio, l'aglio e lo zenzero finché l'aglio non sarà leggermente dorato. Aggiungere il pollo e friggere fino a quando leggermente dorato. Aggiungere i funghi, i germogli di bambù e i peperoni e friggere per 3 minuti. Aggiungere il brodo, il vino o lo sherry, la salsa di soia e la salsa Tabasco e portare a ebollizione, mescolando. Coprire e cuocere a fuoco lento per circa 10 minuti fino a quando il pollo è cotto. Mescolare la farina di mais e l'acqua e mescolare nella salsa. Cuocere a fuoco lento, mescolando, fino a quando la salsa si assottiglia e si addensa, aggiungendo un po 'più di brodo o acqua se la salsa è troppo densa.

Pollo saltato con funghi

per 4 persone

6 funghi cinesi secchi

1 petto di pollo, affettato sottilmente

1 fetta di radice di zenzero, tritata

2 scalogno (scalogno), tritato

15 ml / 1 cucchiaio di farina di mais (amido di mais)

15 ml / 1 cucchiaio di vino di riso o sherry secco

30 ml / 2 cucchiai d'acqua

2,5 ml / ½ cucchiaino di sale

45 ml / 3 cucchiai di olio di arachidi (arachidi)

225 g / 8 once di funghi, affettati

Germogli di fagioli 100 g / 4 once

15 ml / 1 cucchiaio di salsa di soia

5 ml / 1 cucchiaino di zucchero

120 ml / 4 fl oz / ½ tazza di brodo di pollo

Immergere i funghi in acqua tiepida per 30 minuti, quindi scolarli. Scartare i gambi e tagliare le cime. Metti il pollo in una ciotola. Mescolare lo zenzero, i cipollotti, l'amido di mais, il vino o lo sherry, l'acqua e il sale, aggiungere al pollo e lasciar riposare per 1 ora. Scaldare metà dell'olio e friggere il pollo finché non sarà leggermente dorato, quindi toglierlo dalla padella.

Riscaldare l'olio rimanente e friggere i funghi secchi e freschi e i germogli di soia per 3 minuti. Aggiungere la salsa di soia, lo zucchero e il brodo, portare a ebollizione, coprire e cuocere a fuoco lento per 4 minuti fino a quando le verdure saranno tenere. Riportare il pollo nella padella, mescolare bene e riscaldare delicatamente prima di servire.

Pollo al vapore con funghi

per 4 persone

4 pezzi di pollo

30 ml / 2 cucchiai di farina di mais (amido di mais)

30 ml / 2 cucchiai di salsa di soia

3 scalogni (scalogno), tritati

2 fette di radice di zenzero, tritate

2,5 ml / ½ cucchiaino di sale

100 g di funghi, affettati

Tagliare i pezzi di pollo in pezzi di 5 cm / 2 e metterli in un contenitore refrattario. Mescolare la farina di mais e la salsa di soia in una pasta, aggiungere i cipollotti, lo zenzero e il sale e mescolare bene con il pollo. Incorporare delicatamente i funghi. Metti la ciotola su una griglia in una vaporiera, copri e cuoci a vapore su acqua bollente per circa 35 minuti fino a quando il pollo è tenero.

Pollo con Cipolla

per 4 persone

60 ml / 4 cucchiai di olio di arachidi

2 cipolle tritate

450 g / 1 libbra di pollo, a fette

30 ml / 2 cucchiai di vino di riso o sherry secco

250 ml / 8 fl oz / 1 tazza di brodo di pollo

45 ml / 3 cucchiai di salsa di soia

30 ml / 2 cucchiai di farina di mais (amido di mais)

45 ml / 3 cucchiai d'acqua

Scaldare l'olio e friggere le cipolle fino a quando non saranno leggermente dorate. Aggiungere il pollo e friggere fino a quando leggermente dorato. Aggiungere vino o sherry, brodo e salsa di soia, portare a ebollizione, coprire e cuocere a fuoco lento per 25 minuti fino a quando il pollo è tenero. Mescolare la farina di mais e l'acqua in una pasta, mescolare nella padella e cuocere a fuoco lento, mescolando, fino a quando la salsa si assottiglia e si addensa.

Pollo all'arancia e limone

per 4 persone

350 g di carne di pollo, tagliata a listarelle

30 ml / 2 cucchiai di olio di arachidi

2 spicchi d'aglio schiacciati

2 fette di radice di zenzero, tritate

scorza grattugiata di ½ arancia

scorza grattugiata di ½ limone

45 ml / 3 cucchiai di succo d'arancia

45 ml / 3 cucchiai di succo di limone

15 ml / 1 cucchiaio di salsa di soia

3 scalogni (scalogno), tritati

15 ml / 1 cucchiaio di farina di mais (amido di mais)

45 ml / 1 cucchiaio d'acqua

Sbollentare il pollo in acqua bollente per 30 secondi, quindi scolarlo. Scaldare l'olio e friggere l'aglio e lo zenzero per 30 secondi. Aggiungere la scorza e il succo di arancia e limone, la salsa di soia e i cipollotti e soffriggere per 2 minuti. Aggiungere il pollo e cuocere a fuoco lento per alcuni minuti fino a quando il pollo è tenero. Mescolare la farina di mais e l'acqua in una pasta, mescolare nella padella e cuocere a fuoco lento, mescolando, fino a quando la salsa non si addensa.

Pollo con salsa di ostriche

per 4 persone

30 ml / 2 cucchiai di olio di arachidi
1 spicchio d'aglio schiacciato
1 fetta di zenzero tritato finemente
450 g / 1 libbra di pollo, a fette
250 ml / 8 fl oz / 1 tazza di brodo di pollo
30 ml / 2 cucchiai di salsa di ostriche
15 ml / 1 cucchiaio di vino di riso o sherry
5 ml / 1 cucchiaino di zucchero

Scaldate l'olio con l'aglio e lo zenzero e friggete fino a doratura. Aggiungere il pollo e rosolare per circa 3 minuti fino a quando non sarà leggermente dorato. Aggiungere il brodo, la salsa di ostriche, il vino o lo sherry e lo zucchero, portare a ebollizione, mescolando, quindi coprire e cuocere a fuoco lento per circa 15 minuti, mescolando di tanto in tanto, fino a quando il pollo non sarà cotto. Togliere il coperchio e continuare la cottura, mescolando, per circa 4 minuti fino a quando la salsa si sarà ridotta e addensata.

pacchetti di pollo

per 4 persone

Pollo da 225 g / 8 once
30 ml / 2 cucchiai di vino di riso o sherry secco
30 ml / 2 cucchiai di salsa di soia
carta oleata o pergamena per la cottura
30 ml / 2 cucchiai di olio di arachidi
olio per friggere

Tagliare il pollo a cubetti di 5 cm / 2. Mescolare vino o sherry e salsa di soia, versare sopra il pollo e mescolare bene. Coprite e lasciate riposare per 1 ora, mescolando di tanto in tanto. Tagliare la carta in quadrati di 10 cm e spennellare con olio. Scolare bene il pollo. Appoggia un foglio di carta sulla superficie di lavoro con un angolo rivolto verso di te. Metti un pezzo di pollo nel quadrato appena sotto il centro, piega l'angolo inferiore e piegalo di nuovo per racchiudere il pollo. Piega i lati, quindi ripiega l'angolo superiore per fissare il pacco. Riscaldare l'olio e friggere i pacchetti di pollo per circa 5 minuti fino a cottura. Servire caldo nei pacchetti da aprire per gli ospiti.

pollo con arachidi

per 4 persone

225 g / 8 once di pollo, affettato sottile

1 albume d'uovo, leggermente sbattuto

10 ml / 2 cucchiaini di farina di mais (amido di mais)

45 ml / 3 cucchiai di olio di arachidi (arachidi)

1 spicchio d'aglio schiacciato

1 fetta di radice di zenzero, tritata

2 porri tritati

30 ml / 2 cucchiai di salsa di soia

15 ml / 1 cucchiaio di vino di riso o sherry secco

100 g di arachidi tostate

Mescolare il pollo con l'albume e l'amido di mais fino a quando non sarà ben ricoperto. Scaldate metà dell'olio e friggete il pollo fino a farlo dorare, poi toglietelo dalla padella. Riscaldare l'olio rimanente e soffriggere l'aglio e lo zenzero finché non si ammorbidiscono. Aggiungere i porri e friggerli finché non saranno leggermente dorati. Aggiungere la salsa di soia e il vino o lo sherry e cuocere a fuoco lento per 3 minuti. Riporta il pollo nella padella con le arachidi e fai sobbollire finché non si sarà riscaldato.

Pollo Al Burro Di Arachidi

per 4 persone

4 petti di pollo, tagliati a cubetti

sale e pepe macinato fresco

5 ml / 1 cucchiaino di cinque spezie in polvere

45 ml / 3 cucchiai di olio di arachidi (arachidi)

1 cipolla tagliata a cubetti

2 carote, a dadini

1 gambo di sedano, a dadini

300 ml / ½ pt / 1 ¼ tazze di brodo di pollo

10 ml / 2 cucchiaini di passata di pomodoro (pasta)

100 g / 4 once di burro di arachidi

15 ml / 1 cucchiaio di salsa di soia

10 ml / 2 cucchiaini di farina di mais (amido di mais)

pizzico di zucchero di canna

15 ml / 1 cucchiaio di erba cipollina tritata

Condisci il pollo con sale, pepe e cinque spezie in polvere. Scaldare l'olio e friggere il pollo fino a quando diventa tenero. Togliere dalla padella. Aggiungere le verdure e friggere finché sono teneri ma ancora croccanti. Mescolare il brodo con il resto degli ingredienti tranne l'erba cipollina, mescolare nella padella e portare a ebollizione. Riporta il pollo nella padella e riscaldalo, mescolando. Servire cosparso di zucchero.

Pollo con piselli

per 4 persone

60 ml / 4 cucchiai di olio di arachidi

1 cipolla tritata

450 g / 1 libbra di pollo, a dadini

sale e pepe macinato fresco

100 g / 4 once di piselli

2 gambi di sedano tritati

100 g di funghi tritati

250 ml / 8 fl oz / 1 tazza di brodo di pollo

15 ml / 1 cucchiaio di farina di mais (amido di mais)

15 ml / 1 cucchiaio di salsa di soia

60 ml / 4 cucchiai d'acqua

Scaldate l'olio e soffriggete la cipolla fino a quando non sarà leggermente dorata. Aggiungere il pollo e friggerlo finché non prende colore. Condire con sale e pepe e aggiungere i piselli, il sedano ei funghi e mescolare bene. Aggiungere il brodo, portare a ebollizione, coprire e cuocere a fuoco lento per 15 minuti. Mescolare la farina di mais, la salsa di soia e l'acqua in una pasta, mescolare nella padella e cuocere a fuoco lento, mescolando, fino a quando la salsa si assottiglia e si addensa.

Pollo alla pechinese

per 4 persone

4 porzioni di pollo
sale e pepe macinato fresco
5 ml / 1 cucchiaino di zucchero
1 cipollotto (scalogno), tritato
1 fetta di radice di zenzero, tritata
15 ml / 1 cucchiaio di salsa di soia
15 ml / 1 cucchiaio di vino di riso o sherry secco
15 ml / 1 cucchiaio di farina di mais (amido di mais)
olio per friggere

Mettere le porzioni di pollo in una ciotola poco profonda e cospargere di sale e pepe. Mescolare lo zucchero, il cipollotto, lo zenzero, la salsa di soia e il vino o lo sherry, spennellare il pollo, coprire e lasciare marinare per 3 ore. Scolate il pollo e cospargetelo di farina di mais. Scaldare l'olio e friggere il pollo finché non sarà dorato e ben cotto. Scolare bene prima di servire.

Pollo ai peperoni

per 4 persone

60 ml / 4 cucchiai di salsa di soia

45 ml / 3 cucchiai di vino di riso o sherry secco

45 ml / 3 cucchiai di farina di mais (amido di mais)

450 g / 1 libbra di pollo, tritato (macinato)

60 ml / 4 cucchiai di olio di arachidi

2,5 ml / ½ cucchiaino di sale

2 spicchi d'aglio schiacciati

2 peperoni rossi tagliati a cubetti

1 peperone verde a cubetti

5 ml / 1 cucchiaino di zucchero

300 ml / ½ pt / 1 ¼ tazze di brodo di pollo

Mescola metà della salsa di soia, metà del vino o dello sherry e metà dell'amido di mais. Versare sopra il pollo, mescolare bene e lasciare marinare per almeno 1 ora. Scaldare metà dell'olio con il sale e l'aglio fino a quando l'aglio sarà leggermente dorato. Aggiungere il pollo e la marinata e rosolare per circa 4 minuti fino a quando il pollo diventa bianco, quindi togliere dalla padella. Aggiungere l'olio rimanente nella padella e friggere i peperoni per 2 minuti. Aggiungere lo zucchero nella padella con la restante salsa di soia, vino o sherry e farina di mais e mescolare bene. Aggiungere il brodo, portare a ebollizione e cuocere a fuoco lento, mescolando, finché la salsa non si addensa. Riporta il pollo nella padella, copri e fai sobbollire per 4 minuti fino a quando il pollo è cotto.

Pollo saltato con peperoni

per 4 persone

1 petto di pollo, affettato sottilmente

2 fette di radice di zenzero, tritate

2 scalogno (scalogno), tritato

15 ml / 1 cucchiaio di farina di mais (amido di mais)

30 ml / 2 cucchiai di vino di riso o sherry secco

30 ml / 2 cucchiai d'acqua

2,5 ml / ½ cucchiaino di sale

45 ml / 3 cucchiai di olio di arachidi (arachidi)

100 g di castagne d'acqua, a fette

1 peperone rosso tagliato a listarelle

1 peperone verde tagliato a listarelle

1 peperone giallo tagliato a listarelle

30 ml / 2 cucchiai di salsa di soia

120 ml / 4 fl oz / ½ tazza di brodo di pollo

Metti il pollo in una ciotola. Mescolare lo zenzero, i cipollotti, l'amido di mais, il vino o lo sherry, l'acqua e il sale, aggiungere al pollo e lasciar riposare per 1 ora. Scaldare metà dell'olio e friggere il pollo finché non sarà leggermente dorato, quindi toglierlo dalla padella. Scaldare l'olio rimanente e friggere le castagne d'acqua ei peperoni per 2 minuti. Aggiungere la salsa di soia e il brodo, portare a ebollizione, coprire e cuocere a fuoco lento per 5 minuti fino a quando le verdure sono tenere. Riportare il pollo nella padella, mescolare bene e riscaldare delicatamente prima di servire.

Pollo e ananas

per 4 persone

30 ml / 2 cucchiai di olio di arachidi

5 ml / 1 cucchiaino di sale

2 spicchi d'aglio schiacciati

Pollo disossato da 1 libbra / 450 g, affettato sottile

2 cipolle affettate

100 g di castagne d'acqua, a fette

Pezzi di ananas da 100 g / 4 once

30 ml / 2 cucchiai di vino di riso o sherry secco

450 ml / ¾ pt / 2 tazze di brodo di pollo

5 ml / 1 cucchiaino di zucchero

pepe appena macinato

30 ml / 2 cucchiai di succo d'ananas

30 ml / 2 cucchiai di salsa di soia

30 ml / 2 cucchiai di farina di mais (amido di mais)

Scaldare l'olio, il sale e l'aglio finché l'aglio non diventa leggermente dorato. Aggiungere il pollo e friggere per 2 minuti. Aggiungere le cipolle, le castagne d'acqua e l'ananas e rosolare per 2 minuti. Aggiungere il vino o lo sherry, il brodo e lo zucchero e condire con il pepe. Portare a ebollizione, coprire e cuocere a fuoco basso per 5 minuti. Mescolare succo d'ananas, salsa di soia e farina di mais. Mescolare in padella e cuocere a fuoco lento, mescolando fino a quando la salsa si addensa e si schiarisce.

Pollo con ananas e litchi

per 4 persone

30 ml / 2 cucchiai di olio di arachidi
225 g / 8 once di pollo, affettato sottile
1 fetta di radice di zenzero, tritata
15 ml / 1 cucchiaio di salsa di soia
15 ml / 1 cucchiaio di vino di riso o sherry secco
200 g di pezzi di ananas in scatola sciroppati
7 once / 200 g di litchi in scatola sciroppati
15 ml / 1 cucchiaio di farina di mais (amido di mais)

Scaldare l'olio e friggere il pollo finché non diventa di colore chiaro. Aggiungere la salsa di soia e il vino o lo sherry e mescolare bene. Misura 250 ml / 8 fl oz / 1 tazza della miscela di sciroppo di ananas e litchi e riserva 30 ml / 2 cucchiai. Aggiungere il resto nella padella, portare a ebollizione e cuocere a fuoco lento per alcuni minuti fino a quando il pollo è tenero. Aggiungere i pezzi di ananas e i litchi. Mescolare la farina di mais con lo sciroppo riservato, mescolare nella padella e cuocere a fuoco lento, mescolando, fino a quando la salsa si assottiglia e si addensa.

pollo con maiale

per 4 persone

1 petto di pollo, affettato sottilmente
100 g / 4 once di maiale magro, affettato sottile
60 ml / 4 cucchiai di salsa di soia
15 ml / 1 cucchiaio di farina di mais (amido di mais)
1 albume d'uovo
45 ml / 3 cucchiai di olio di arachidi (arachidi)
3 fette di radice di zenzero, tritate
50 g / 2 once di germogli di bambù, tagliati a fette
225 g / 8 once di funghi, affettati
8 once / 225 g di foglie cinesi, sminuzzate
120 ml / 4 fl oz / ½ tazza di brodo di pollo
30 ml / 2 cucchiai d'acqua

Mescolare pollo e maiale. Mescolare la salsa di soia, 5 ml/1 cucchiaino di farina di mais e l'albume e aggiungere il pollo e il maiale. Lascia riposare 30 minuti. Scaldate metà dell'olio e friggete il pollo e il maiale finché non saranno leggermente dorati, quindi toglieteli dalla padella. Riscaldare l'olio rimanente e friggere lo zenzero, i germogli di bambù, i funghi e le foglie cinesi finché non saranno ben ricoperti di olio. Aggiungere il brodo e farlo bollire. Riporta il composto di pollo nella padella, copri e fai sobbollire per circa 3 minuti fino a quando le carni sono tenere. Mescolare la farina di mais rimanente in una pasta con l'acqua, incorporare nella salsa e cuocere a fuoco lento, mescolando, fino a quando la salsa non si addensa. Servi subito.

www.ingramcontent.com/pod-product-compliance
Lightning Source LLC
Chambersburg PA
CBHW071429080526
44587CB00014B/1776